元气拉伸

30 组墙壁操远离颈肩腰背不适

[日] 古贺直树　著　赵百灵　译

河北科学技术出版社
· 石家庄 ·

目录
CONTENTS

颈部

肩部

背部

腰部

美容篇

特殊地点篇

序言

职业女性深受“酸痛”的困扰

颈肩酸痛几乎已经成为“国民病”，一般而言，女性的肌肉含量比男性少，在承受头部、支撑手臂和胸部重量时，女性的体质更容易出现酸痛症状。另外，由于女性的肌肉含量较少，不易产生热量，所以容易发冷，进而导致血液循环不畅，造成疲劳物质累积，发展成酸痛。

当然，肌肉疲劳不只与体质有关，也与环境和姿势有关。

如果在办公室使用电脑办公，回家后还要继续使用手机，颈肩的肌肉就根本得不到休息。酸痛经过长时间的积累，症状也会不断加剧。

现代人的避风港——整体*

为了缓解日常积累的疲劳，很多人会定期去整体或按摩。

近年来，按摩院的数量也在不断增加。我也在东京经营着一家主营“整体、针灸”的按摩院。来按摩院的人们都有着以下共同的烦恼。

“早晨起床后发现落枕了，脖子疼……每个月因为落枕脖子都会疼2～3次。”

“因为从事的是案头工作，我已经习惯工作日肩部酸痛的状态了，可休息日肩膀还是酸痛不止，太难受了。另外，我的睡眠也很浅。”

“我每年都会腰疼1～2次，并因此不得不请假3天以上。”

* 日本整体类似于中国的正骨术，指的是用手的力量来矫正全身骨骼和肌肉的特色技法。

上述的不适症状大多是长期“工作日伏案工作”或“姿势不良”等原因造成的，因此即使人们想要利用休息日来集中缓解疲劳和酸痛，也没办法彻底恢复。

整体师推荐伸展操的原因

我的按摩院除了提供针灸治疗和整体疗法外，还推荐患者在家中或办公室做一些伸展操。

刚开始的时候，我教过很多人伸展操，但人们大都记不住。为了能让大家坚持下去，我绞尽脑汁、反复摸索后，终于研究出了一系列名称简洁的伸展操，即使在外出差时也能够轻松完成。

本书严选其中“适合肌肉不发达的女性”“在外出差时也能轻松完成”的伸展操进行介绍。至于为何命名为“墙壁操”，稍后再为大家说明（p18）。

如下图所述，很多坚持下来的患者向我表达了她们“喜悦的心情”。虽然利用休息日可以集中缓解疲劳和酸痛，不过，防止疲劳累积才是根本的解决之策。

什么是疲劳

明明什么都没做却依然很疲劳，这是为什么

腰痛分为两种，一种是由明确原因导致的身体疲劳或疼痛，如剧烈运动后的腰痛；另一种是什么都没做，只是正常生活也会发生的腰痛。其中，类似后者的慢性腰痛患者要更多一些。

患者明明什么都没做却依然出现了疲劳和疼痛症状，这是为什么呢？其中一个原因跟我们生活在地球上始终受到的重力影响有关。

从表面上看，坐姿似乎很轻松，但如果撤去肌肉的力量，我们的上半身就会向前或向后倾倒。因此，长时间坐着伏案工作时，背部以及其他的肌肉其实都处于紧张状态。

WE ARE TIRED...

为什么颈部、肩部、背部和腰部更容易酸痛

A1. 这是双足行走的代价和宿命

距今500万～600万年前，人类在进化过程中实现了双足行走。四足行走时，双臂支撑在地面上，身体的重量得以分散。不过，提起支撑地面的双臂，头部置于身体最上方，移动时需摇摆头部以保持身体的平衡后，纤细的颈部的肌肉就需要支撑起沉重的头颅，双臂和两侧肩胛骨的重量则会集中在两肩的肌肉上。而上半身的重量自然就需要下方的背部和腰部来支撑。如上所述，人类实现双足行走的同时也可能对颈部、肩部、背部和腰部造成负担。

A2. 原因可能在于脊椎的弯曲

从侧面看，脊椎呈S形曲线，是由颈部7块前弯（排列呈前突的拱形）的颈椎、12块后弯的胸椎以及5块同样前弯的腰椎组成。这样的结构能够更好地吸收站立、行走或跳跃时产生的冲击力。另外，骨骼之间还存在软骨性的椎间盘，起到了缓解脊椎负担的作用。

如果肌肉的血液循环不畅并使肌肉变得僵硬，就会导致骨骼变形扭曲。这样一来本应该吸收冲击力的脊椎曲线就会失去作用，引起酸痛等各种不适症状。

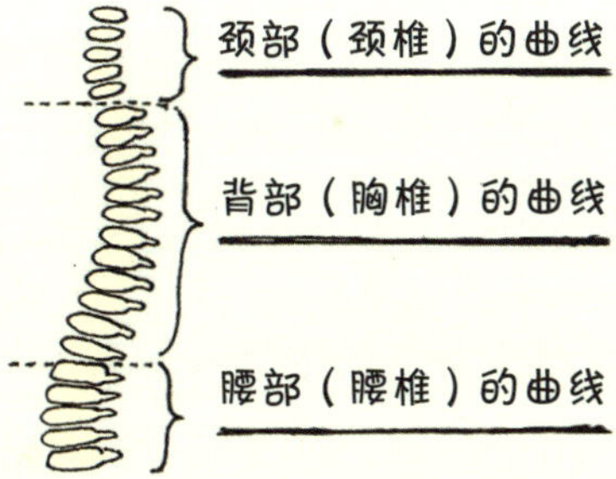

做伸展操的作用

❶舒展肌肉，增加身体柔软度

有人认为，即使身体僵硬，也不影响生活啊。确实，即使我们的身体不像杂技团的演员那样柔软，对日常生活也没什么影响，不过，很多人不够了解身体柔软的必要性，对于身体僵硬也缺乏危机感。

例如，有些人可以做到双腿大幅度劈叉，或者左右手绕到背后双掌合十。能否做到这些动作关键在于“关节是否可以大幅度活动”。而关节的大幅度活动，需要关节周围的肌肉能很好地伸缩。也就是说，如果肌肉状态良好，关节就可以灵活地活动和伸展，身体自然会变得更柔软。

身体柔软的好处

1. 不易疲劳

肌肉越柔软，关节活动所需的力量就越小。反之，如果肌肉僵硬，每次关节活动时都需要更多的力量，会消耗额外的体力，因此人就更容易疲劳。

2. 防止受伤

如果关节活动顺畅，人在遭遇意外的冲击（如摔倒或跌倒）时，更容易保持平衡，从而预防肌肉拉伤等肌肉、跟腱或韧带的损伤。

3. 保持正确的姿势

如果身体前后或左右肌肉的柔软度差异过大，会导致身体向肌肉僵硬的一侧倾斜，使身姿扭曲。一旦放任其发展，就会导致驼背或骨盆歪斜，并引发肩部酸痛和腰痛等症状。

❷具有放松的功效

伸展操可以有效地调节自律神经，达到消除压力、放松心情的作用。

自律神经分为交感神经与副交感神经，交感神经在身体处于活动状态或情绪紧张时工作，而副交感神经在身体处于安静状态或情绪放松时工作，这两种功能相反的神经相互制约平衡，从而让我们健康地生活。无论哪种自律神经占据优势地位，都并非好事。

例如，如果你因为日常工作或其他烦心事的影响，持续处于高压、紧张的环境中，交感神经就会一直占据优势地位，副交感神经则无法充分工作，身体就会出现不适。

如果你能认真花上一些时间，心情愉悦地做一些伸展操，让肌肉得以舒张和放松，就可以降低承担压力的交感神经的活性。接下来，负责让身体放松的副交感神经会处于优势地位，就可以放松身心。另外，有数据表明，平时多做伸展操，还能缓解疲劳，提高睡眠质量。

❸具有消除水肿的功效

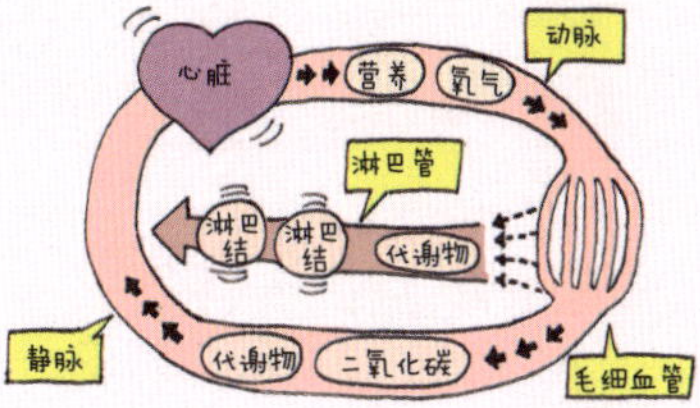

心脏就像“泵”一样，让血液可以循环全身，但这个“泵”并不能让淋巴液流动。不过，肌肉活动产生的力量可以代替泵的作用，将淋巴液输送至淋巴结。如果肌肉不活动，淋巴液将会流动迟滞，淋巴管内的废物就会淤积，导致肿大，呈现“水肿”状态。

坐在办公室一整天，傍晚后发现腿肿了，原因就在于此。特别是重力集中的脚部，很容易出现淋巴液流动迟滞现象，需要有针对性地做伸展操和按摩。

如果对水肿放任不管，容易引起血液淤滞，有可能导致肺部和心脏的毛细血管堵塞，甚至发展为危及生命的严重问题。所以，大家最好能在平时适度地锻炼身体，消除水肿。

为什么命名为“墙壁操”

墙壁在做伸展操时起到了重要作用。

1 方便

只要有墙壁，随时随地都可以做。
无须特殊设施、专业衣物、
瑜伽垫等。

2 可以倚靠

对自己的平衡感不自信的人或肌肉力量较弱的女性，
借助墙壁可以轻松完成伸展操。
你还可以去尝试一些具有挑战性的伸展操。

3 施力方式

配合推、拉等动作，
完成多种类型的伸展操。

4　固定身体

将身体的一部分固定在墙壁上，
可以深入锻炼目标肌肉。

5　成为标准

相对于地面，
背对着垂直的墙壁站立时，
更容易判断身姿是否扭曲。

| 导读 |

伏案工作容易导致颈部、肩部、背部和腰部四个部位产生酸痛症状，本书分别介绍了上述四个部位的伸展操。首先需要确认各部位的健康状况，找出与自身相符的症状。

继“症状解说”之后，再介绍与症状匹配的伸展操。

当然，你也可以直接翻开感兴趣的页面，直接体验“墙壁操”。

伸展操页的阅读方法

①伸展操名称　　方便记忆的名称。

②次数　　每天的训练组数。

※ 如果印有“不可过量”字样，过度运动反而可能会导致疼痛。

③顺序　　配合插图，简洁地说明了伸展操的顺序。

④一格漫画　　用漫画展示了女性在工作间隙做伸展操的场景。

⑤ POINT　　动作技巧或推荐做法等关键点。

⑥功效解说　　总结说明伸展操的功效和要点讲解。

WALL STRETCH

第一章

颈部

确认一下健康状况！

颈部

Check 01 ▶自己确认

趴在坚硬的地板上，脸朝向一侧。

如果朝向其中一侧时，耳朵无法贴在地板上，并伴有疼痛症状，可能已经出现了身姿扭曲的问题。

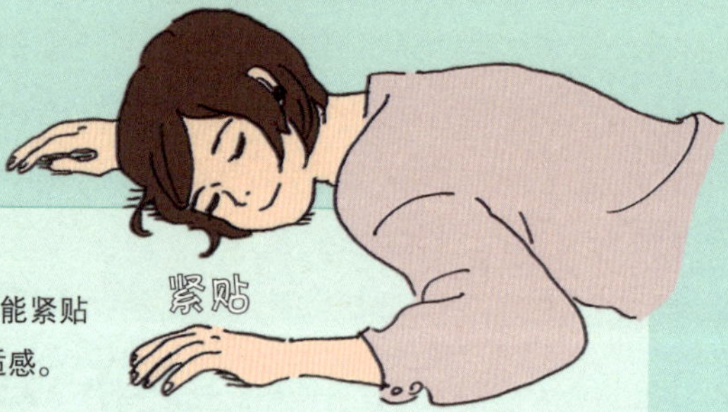

●GOOD!
无论朝向左侧还是右侧，耳朵都能紧贴地板，趴伏超过 30 秒颈部无不适感。

▲BAD!
朝向其中一侧时，耳朵无法贴在地板上，另外，趴伏 30 秒就会导致颈部疼痛。

✖DANGER!
无论朝向左侧还是右侧，耳朵都无法贴在地板上，另外，颈部疼痛。

Check 02 ▶自己确认

保持肩部不动，颈部向左右弯曲。

●GOOD!
颈部向左右方向的弯曲角度相同，无痛感。

▲BAD!
颈部向左右方向的倾斜角度明显不同。

✖DANGER!
不仅弯曲角度不同，弯曲时还会感到疼痛或痉挛。

在镜子或他人辅助下，更容易确认！每天都要确认一下哦。

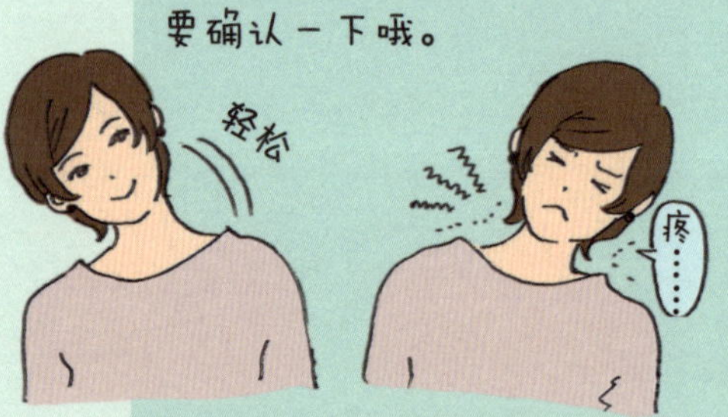

Check 03 ▶两人确认

脸部朝向正上方 15 秒。

●GOOD!

15 秒内没有特别的痛感或不适感。

▲BAD!

持续 15 秒后，会稍感疼痛或不适。

✖DANGER!

脸部朝向正上方就会感到疼痛，且有摔倒倾向。

摔倒是很危险的，因此可以请其他人帮忙扶一下，或在墙壁附近尝试，以便随时有所倚靠。

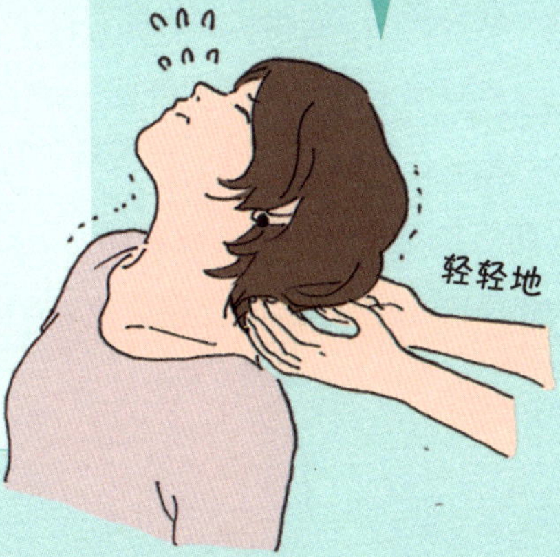

RESULT

如果你的症状与“▲ BAD！”或“✖DANGER！”的描述相符，可能是“颈部”肌肉疲劳导致的。请找到你预估的症状所在页，并练习对应的伸展操。

颈部僵直

“颈椎生理曲度变直”

▼

p24

眼睛疲劳或颈部酸痛

“VDT 综合征”

▼

p30

症状解说

颈部僵直

颈椎生理曲度变直

颈部是由7块名为颈椎的骨骼组成，它们的排列呈前突的拱形。该结构可以分散头部的重量，减轻颈部和肩部周围肌肉的负担。这种颈椎的排列方式被称为“生理曲度”，如果颈椎的生理曲度消失，弧度变直，就会变成“颈椎生理曲度变直”。

当颈椎的生理曲度变直后，颈椎无法均匀地分散头部的重量，就会导致颈部和肩部酸痛，还容易引起其他的不适症状。近年来，因为长期伏案工作和手机的频繁使用，很多人往往长时间保持低头姿势，由此导致的后天性颈椎生理曲度变直的患者也在不断增多。

如果任其发展，会怎么样

将会造成颈部难以前后左右弯曲、头痛不止、恶心等症状。颈部的骨骼之间存在“椎间盘”，起到了缓冲的作用，如果症状严重时可能会导致椎间盘偏移，压迫神经演变成“颈椎椎间盘突出”，引发肩部、手臂甚至指尖出现刺痛、麻木等症状。

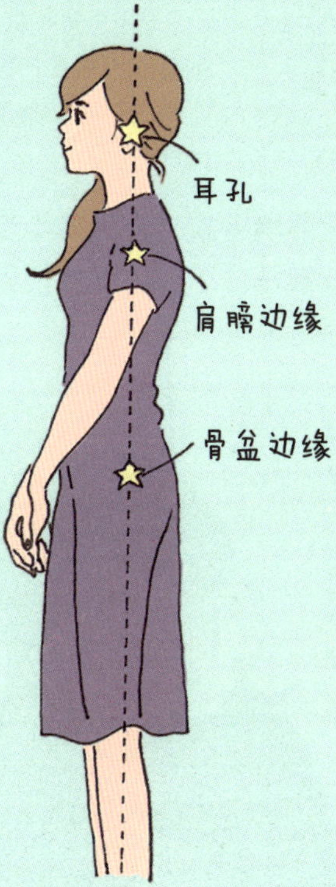

怎么预防或改善

首先注意改善生活习惯，如避免长时间伏案工作和使用手机，减少保持前弓姿势的时间，避免睡高枕等。长时间伏案工作时，每小时至少要让颈部休息1～2次，休息方式包括做伸展操、休憩、放松僵硬的肌肉（按摩或敷热毛巾等）。

站立或坐着的时候保持上半身直立，耳朵→肩部→骨盆从侧面看纵向呈一条直线，以减少颈部、肩部肌肉的负担。颈部较为脆弱，如果症状没有改善，不要勉强自己，请及时就医。

告别粗短颈

no.01

“卖萌”伸展操

不可过量

1day

1～2组

看手机或电脑画面时，
颈部肌肉需要持续工作以支撑沉重的头颅，
长此以往，颈部就会变得越来越粗短。

1 背靠墙壁站立，保持半步的距离。
双掌托住下巴，保持托腮姿势。

枕下肌群：连接头部的颈部肌肉，起到了协调眼球（配合视线）带动头部活动的作用。如果过度用眼或颈椎生理曲度变直（p24），枕下肌群就无法支撑沉重的头颅，导致血液循环不畅。

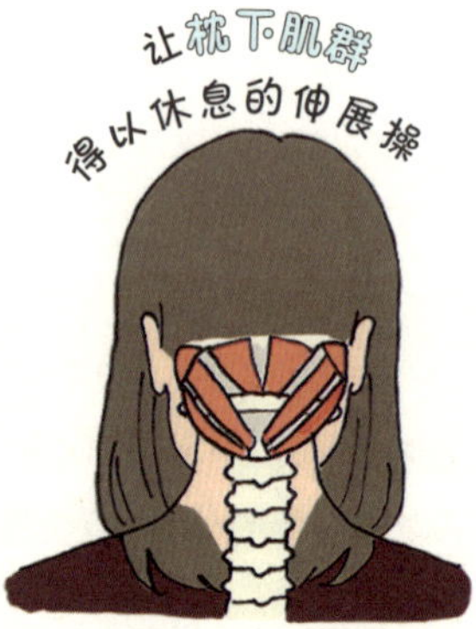

☑ **POINT** 双掌托住头部，颈部无须用力，同时头部慢慢后仰。颈部发硬的人，可以让后脑勺稍稍挨到墙壁即可。为了让头部贴在墙壁上，需要连同背部上方一起后仰，因此也能预防驼背。如果颈部出现疼痛或痉挛现象，请立即停止伸展操并安静休息。

2 头部无须用力，双掌托起下巴使颈部后仰。
保持姿势不变，让发旋贴在墙壁上。
深呼吸 3 ～ 4 次，慢慢地回到原位。

功效解说

如果长时间保持低头姿势， 会导致枕下肌群疲劳，颈部僵硬。想要提高颈部的柔软度，首先需要让颈椎恢复自然的曲度，即“生理曲度”（p24）。在不感到疼痛的前提下，头部向后弯曲，颈部轻轻后仰，可以防止颈椎生理曲度变直的进一步恶化，改善症状。放松枕下肌群还能缓解头痛和肩部酸痛症状。

缓解头痛和眼睛疲劳

no.02

浴巾
伸展操

不可过量
1day
1～2组

枕下肌群是用以支撑头部的肌肉，
枕下肌群负担过重可能会导致头痛、
眼睛疲劳或者食物吞咽困难等症状。

1 将厚一些的毛巾对折后绕在颈部。
背靠墙壁站立，保持半步的距离。
拿着毛巾的两端向前拉，同时背部慢慢地向后仰，让头部贴在墙壁上。

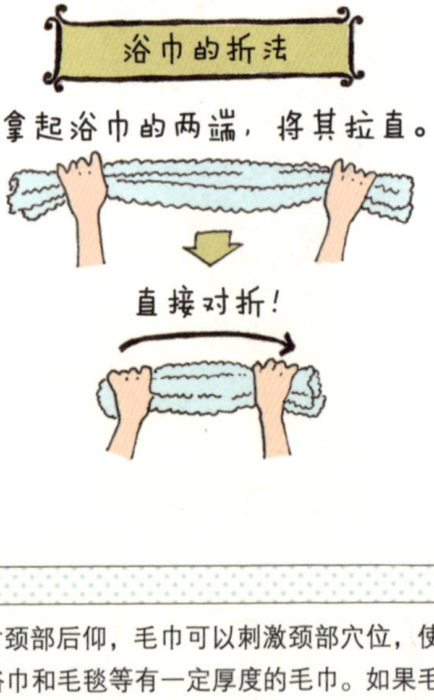

☑ **POINT** 拿着毛巾的两端向前拉，同时颈部后仰，毛巾可以刺激颈部穴位，使人心情愉悦地完成这套伸展操。推荐选择浴巾和毛毯等有一定厚度的毛巾。如果毛巾不够厚，会导致颈部过度后仰，带来适得其反的效果。步骤②需在看天花板的同时轻轻地摇动头部。

2 当发旋贴到墙壁后，以发旋为中心轻轻地左右摇动头部。在颈部不感到疲劳的前提下，摇动 2 ～ 3 次后回到原位。

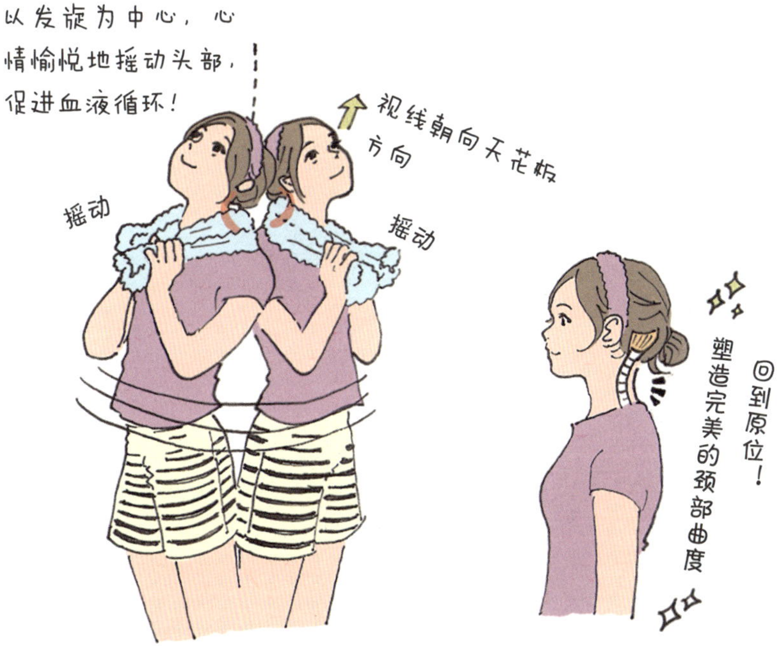

功效解说

“颈椎生理曲度变直”（p24）会令枕下肌群负担过重，如果任其发展，颈部酸痛的症状会越来越严重。颈部非常脆弱，大力的按摩或勉强才能完成的伸展操，可能会加剧疼痛。借用质地柔软的毛巾等物品，在不感到疼痛的前提下，让颈部后仰，可以改善颈椎的生理曲度。轻轻地摇动头部可以促进血液循环。

症状解说

眼睛疲劳或颈部酸痛

VDT 综合征

VDT综合征是Visual Display Terminal Syndrome的简称，指的是因长期观看显示器而引起的各种不适症状。

VDT综合征，俗称“电脑病”，主要表现为因长时间用眼引起的眼部症状，以及因支撑沉重头颅的负担而引起的颈部症状。

由于长时间使用电脑引起的颈肩酸痛、眼睛疲劳等症状就是VDT综合征的一种。

如果任其发展，会怎么样

千万不要认为“看一会儿电脑而已，没那么严重吧……”。患有VDT综合征的人很容易发展成“颈椎生理曲度变直”（p24），病情恶化后还可能发展成“颈椎椎间盘突出”（p25）等严重的疾病。酸痛压迫到通过颈部的自律神经后，还会对全身造成恶劣的影响，引发手部麻木、腰痛、失眠、抑郁等症状。

无法避免长期使用电脑工作时……

★抬起下巴！

★消除颈部和眼部疲劳！

★增加休息频率！

怎么预防或改善

最好的解决方案就是在使用电脑工作时适当休息，避免颈部、眼睛乃至整个身体累积疲劳。例如，如果需要使用电脑工作1小时，规划好“咖啡时间”，工作期间至少离开座位1～2次，或者做一下本书中介绍的简单伸展操等，让颈部和眼睛的疲劳得以缓解。

另外，看显示器时，要注意避免头部前伸的姿势。注意保持头部位于颈椎的正上方、下巴微抬、背肌舒展的姿势。需要特别注意的是，除了颈部不适，当频繁出现晕眩、恶心、手部麻木等症状时，请及时就医。

压力、紧张、焦虑是颈部疲劳的信号吗

no.03

托腮
伸展操

不可过量

1day

1～2组

压力和紧张会增加脖子的负担，导致颈部疲劳、酸痛。颈部遍布着负责向大脑输送血液的血管以及神经系统，因此，颈部疲劳很容易造成自律神经失调。

1 侧身对着墙壁站立，保持半步的距离。左臂弯曲，拳头抵在耳朵下方的胸锁乳突肌上。保持姿势不变，手肘贴近并倚靠在墙壁上。

拳头抵在胸锁乳突肌的上部，小指贴近耳朵下方。

胸锁乳突肌：从颈部侧面（耳朵后方区域）覆盖到锁骨的大块肌肉。在弯曲或扭动颈部时胸锁乳突肌会频繁工作，因此很容易疲劳。

在扭头时凸显出来的性感的颈部线条就是**胸锁乳突肌**！

POINT 拳头贴近时，如果胸锁乳突肌有肿胀迹象，那是颈部肌肉发出警告的证据。用手指等较为尖锐的物体按压颈部肌肉有时会造成疼痛，因此压迫时请用拳头平坦的一面。在不产生痛感的前提下练习，就会逐渐舒展肌肉。如果感到疼痛，请马上停止并休息。

2 轻轻压迫胸锁乳突肌，将身体的重量压向墙壁后回归原位。
重复 3 ～ 4 次后，身体回归原位。
反方向重复以上动作。

可以轻松完成上述动作后，模仿点头的动作，轻轻地摇动头部，以将血液输送至大脑。

功效解说

胸锁乳突肌的周围密布着神经和淋巴，因此如果僵硬的肌肉压迫神经和淋巴，会引起压力、倦怠感和头痛等症状。多次舒展比长时间的按摩更有利于消除颈部酸痛。需要注意，大力揉捏会让颈部的肌肉感知到危险，变得更加紧张、僵硬。

扭动脖颈，一个动作改善顽固的颈部酸痛

no.04

仰视墙壁
伸展操

1day

2～3组

慢性的颈部酸痛会导致头痛、注意力下降，影响工作效率。仅凭手指按压无法影响深层肌肉，通过扭动脖颈，可以达到放松肌肉的目的。

1 （寻找手指可以勾住的地方）

背部和后脑勺贴在墙壁上，左臂平举后伸直。身体保持不动，手指勾住墙壁的拐角后，将身体的重量压向右侧。

日常生活中，手臂的弯曲动作比较多。

2 **保持后脑勺贴在墙壁上，颈部向右侧弯曲。**（静止5秒）

后脑勺贴在墙壁上，完成肌肉拉伸。

POINT 伸展手臂的同时，弯曲和扭动颈部，可以集中放松连接手臂和颈部的肌肉。扭动颈部是非常危险的行为，所以在做伸展操时，要注意头部和肩胛骨全程不可离开墙壁。突然扭动颈部可能会造成急性疼痛，一定要小心地慢慢扭动。利用身体的重量充分伸展上臂。

2 颈部的角度不变，缓慢地扭动颈部，让左耳尽量贴在墙壁上。（无须完全贴合）

视线朝向背后墙壁的上方。（静止 5 秒）

身体回归原位，反方向重复以上动作。

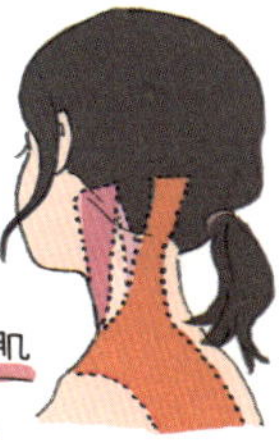

功效解说

虽然单靠转动颈部就能放松僵硬的颈部肌肉，但是这套伸展操针对的是更深层的肌肉。通过“手臂平举伸直→颈部弯曲→向上看”三步动作，就可以改善颈部到背部僵硬的肌肉。伸展手臂的肌肉，能促进肩部周围和背部上方的血液循环，缓解颈部酸痛的症状。

Column 1

改善眼部疲劳的“眼外肌拉伸操”

在感到眼部疲劳时，很多人选择用力按压眼部周围的穴位。

按压穴位的确可以促进血液循环，不过手指可能会不小心碰到眼球。眼球是柔软的组织，如果受到强力压迫，可能会引起视网膜疼痛。

在这种情况下，不妨尝试拉伸眼睛周围的穴位。可以让你体验到与按压完全不同的放松感。

做法简单！

①用大拇指、食指和中指紧紧地捏住眉毛，并将其笔直地向前拉伸。直至拉到自己感觉舒适的位置后，缓慢地放开让其回归原位，切勿突然放手。

※从眉毛的内侧向外侧，重复①的动作。

②捏住外眼角附近（鬓角附近）重复①的动作拉伸，放开。

③捏住眼睛下方（形成黑眼圈部分稍微偏下的位置）重复①的动作拉伸，放开。

眼睛疲劳可能会引起肩部酸痛或头痛，如果感到眼部疲劳，请设法缓解眼外肌（眼球周围的肌肉）的酸痛症状，促进血液循环。

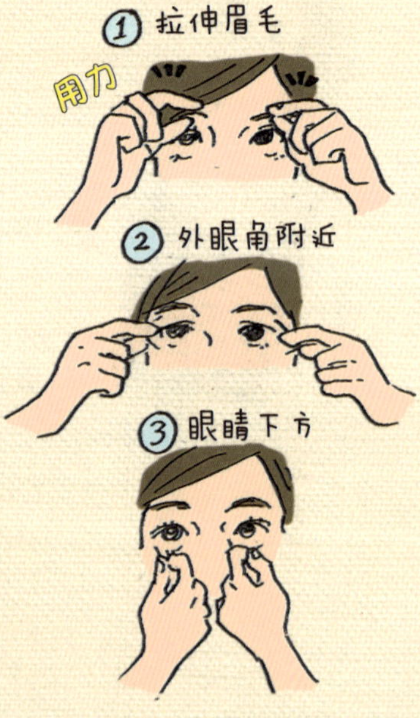

WALL STRETCH

第二章

肩部

确认一下健康状况！

肩部

Check 01 ▶自己确认

高举双手。

●**GOOD!**
双臂内侧紧贴耳部。

▲**BAD!**
单臂内侧无法贴合耳部。

✖**DANGER!**
双臂内侧无法贴合耳部，
或手臂无法上举。

Check 02 ▶自己确认

高举双手，在头部上方双掌合拢，顺势缓慢地向下移动，双肘并拢，高度与眼睛平齐。

●**GOOD!**
双肘并拢于，高度与眼睛平齐。

▲**BAD!**
双肘在与眼睛平齐的高度无法并拢，在稍微下移后可以并拢。

✖**DANGER!**
双肘无法并拢。

Check 03 ▶两人确认

被测试者闭上双眼站立 10 秒左右，测试者悄悄地绕到其背后，确认测试者肩膀高度和肩胛骨的位置。

●GOOD!
两肩的高度和肩胛骨的位置、高度一致。

▲BAD!
两肩的高度和肩胛骨的位置、高度稍有差异。

✖DANGER!
两肩的高度和肩胛骨的位置、高度有很大差异。

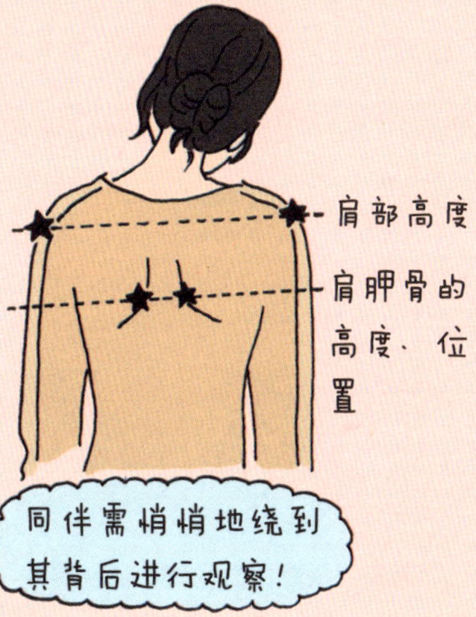

RESULT

如果你的症状与“▲ BAD！”或“✖DANGER！”的描述相符，可能是肩部肌肉疲劳导致的。请找到你预估的症状所在页，并练习对应的伸展操。

肩部酸痛
颈肩腕综合征
▼
p40

“五十肩”
肩周炎
▼
p48

指尖麻木、肩膀前部酸痛
胸廓出口综合征
▼
p56

症状解说

肩部酸痛

颈肩腕综合征

在从颈部到肩部、手臂的酸痛或疼痛大多很难诊断为准确的疾病或症状名称。这些症状统一被称为“颈肩腕综合征”。我们经常提到的“肩部酸痛”其实也并非疾病名称，只是隶属于颈肩腕综合征的一个症状。引发这些症状的原因有很多，一般认为颈肩周围的肌肉疲劳、不良姿势、压力过大、内脏疾病为主要原因。

易患病人群

溜肩、颈部周围肌肉力量较弱的女性，更容易患病。另外，此病也常见于长时间伏案工作的人群，尤其是那些使用“不合身”的座椅，并且在感到肩部酸痛或疼痛后依然坚持工作的人。长期姿势不正确还会导致症状恶化。

近年来，很多人在工作结束后还会继续玩手机，因此一天中保持低头姿势的时间会增加。长期保持上述生活习惯的人，容易发展成慢性的肌肉酸痛。

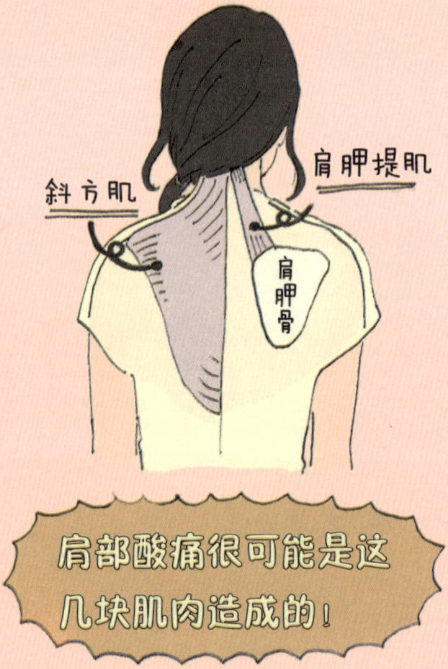

如果任其发展，会怎么样

肌肉疼痛和乏力症状会从肩胛骨蔓延至整个背部。另外，颈部和肩部距离大脑很近，因此还会引起头痛、晕眩、耳鸣、眼睛疲劳、失眠和自律神经失调等症状，有时还会发展成更严重的症状。

怎么预防或改善

避免长时间保持会对颈部和肩部造成负担的姿势，如低头、驼背等。伏案工作或使用手机时，保证1小时休息或做伸展操1～2次，注意防止肌肉的疲劳累积。如果症状严重，推荐定期接受整体或按摩、针灸治疗等。

松解粘连于肩胛骨的肌肉

no.05

投球
伸展操

1day
3～4组

无须真的投球，离开座位时顺便伸展一下胸部、腋下、肩胛骨周围的肌肉，让肩膀更加轻盈。

1 右手向上高举，肘部充分伸展，手掌贴在墙壁上。左脚向前伸出，两脚前后大步分开。

POINT 这套体操有效利用了房间出入口附近的墙壁。做好这套体操的关键是脚要迈到墙壁的前面。手肘充分伸展，手掌不可用力过猛，否则效果会减半。通过向前挺胸、扭动胸部等动作，可以充分伸展肩部周围的肌肉。

2 胸部向左侧扭转，同时身体微微前倾，充分伸展胸部和腋下周围的肌肉。
伸展后放松，重复 10 次左右后回归原位。
反方向重复以上动作。

肩胛提肌（p54）指的是什么？
附着于颈椎侧面到肩胛骨之间的细长肌肉，在肩胛骨上提，颈部转动时工作。肩胛提肌是引发顽固性肩部酸痛的主要原因。

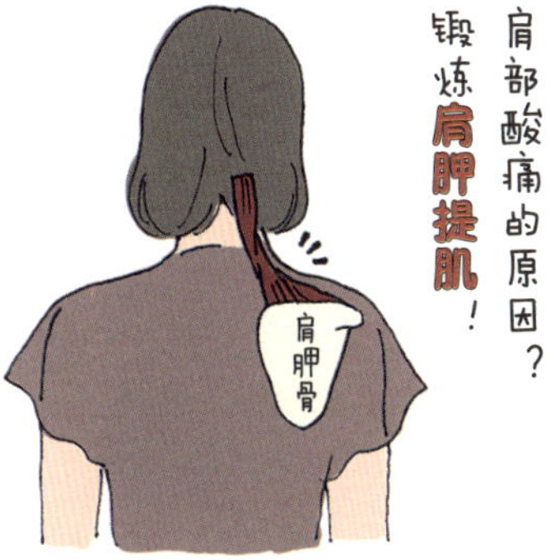

功效解说

投球的动作使用的是胸大肌（胸部）、三角肌（肩部）、背阔肌（背部）等浅层肌肉。这套伸展操通过将手臂固定在墙壁上的动作，特意抑制了浅层肌肉的活动，有针对性地锻炼了肩胛提肌等深层肌肉。深层肌肉的酸痛无法通过手指按压缓解，伸展操却可以作用于此。

从内侧解决顽固的酸痛症状

no.06

举重式
伸展操

感到不适时
1day
1～2组

周围的肌肉粘连在肩胛骨上，
会导致肩胛骨活动受限，
手臂可以活动的范围变窄。

1 **背靠墙壁站立，保持半步的距离。**
双臂弯曲呈直角，做出举重的姿势。
手肘保持不动，小臂向后挥动，拳头背面贴在墙壁上。

POINT 双臂置于身体两侧，做出举重姿势，可以有效地缓解肌肉疲劳。通过保持手肘的位置不变，前后大幅摆动手臂的方式，可以摇动肩胛骨，松解附近粘连的肌肉群。手臂无法抬高至肩部的人，可能是肌肉力量不足造成了腋下周边肌肉僵硬。请先做一下前面的“投球伸展操（p42）”放松一下肌肉。

2 保持手肘的位置不变，手臂朝下做出举重的反向手势。重复①的动作，手肘保持不动，小臂向后挥动，拳头背面贴在墙壁上。

功效解说

在日常生活中，肩胛骨的活动机会较少，特别是长期的伏案工作会造成肩胛骨内侧肌肉大多处于粘连状态。这样一来，在手臂灵活活动之前，人们会为肩部酸痛的症状所困扰。通过从内侧摇动肩胛骨，可以逐渐提升体温，还能提高胸大肌（胸部）、斜方肌（背部）等大块肌肉的新陈代谢。

消除可能引起指尖麻木的肩部酸痛症状

no.07

手指散步

伸展操

1day

2～3组

肌肉血液循环不畅可能会导致

手臂和指尖微微颤抖。

舒展手指间隙，可以改善整个手臂的健康状况。

1 **站在墙壁前面，食指和中指抵在墙壁上。**
食指和中指交替慢慢向上爬。

※ 让手指尽量爬到更高的位置，因此身体靠近墙壁亦可。

2 **在感受到手臂已经达到极限后，再努力让手指继续攀爬 2～3 步。**

☑ **POINT** 高举手臂可以扩张肋骨，为深层肌肉输送氧气。手指交替在墙壁上踏步可以活动手指和手臂的肌肉，放松下来之后整个手臂都会轻盈舒畅。练习这套体操时，肩部和颈部无须用力，保持轻松状态即可。

3 最后手指保持位置不动，在墙壁上交替“踏步”20次左右，放下手并放松。
另一只手重复以上动作。

食指和中指并非唯一的组合，你也可以尝试拇指与小指等其他组合模式。通过放松手指肌肉，预防因肌肉僵硬引发的麻木。

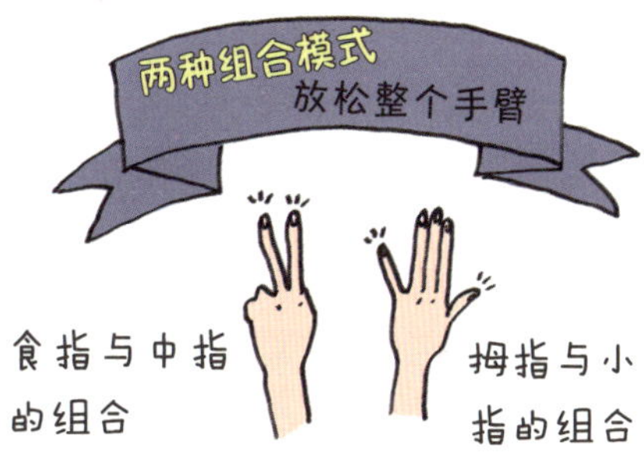

功效解说

人们在平时拿起或抱起物品时常用到弯曲动作，而较少用到伸展动作。实际上，伸展动作具有提升肌肉柔软度，促进血液循环和氧气输送的功效。这套体操可以同时伸展手指间隙、手臂和侧腹，消除手部麻木和上半身疲劳的症状。

症状解说

"五十肩"

肩周炎

"五十肩"的正式名称为"肩关节周围炎"，一般简称为"肩周炎"，因为40～50岁左右的人更容易罹患该疾病，所以俗称为"五十肩"或"四十肩"。不过，最近新增的病患中有很多年龄在20～30岁的年轻人。

从"肩部和手臂不明原因的疼痛"开始，后续还可能发展为剧烈的疼痛，严重时连换衣服时都会疼得抬不起手臂，甚至在半夜因为针扎似的疼痛而失眠。

一般认为，年龄的增长会导致肩关节周围血液循环不畅，造成发炎、肿胀、疼痛、关节活动受限等，不过肩周炎的真正病因尚不完全清楚。

如果任其发展，会怎么样

在肩关节疼痛时任其发展，会导致肩关节进一步丧失柔软度，令肩部活动受限（也被称为“肩关节挛缩”），从而可能延长治愈时间。

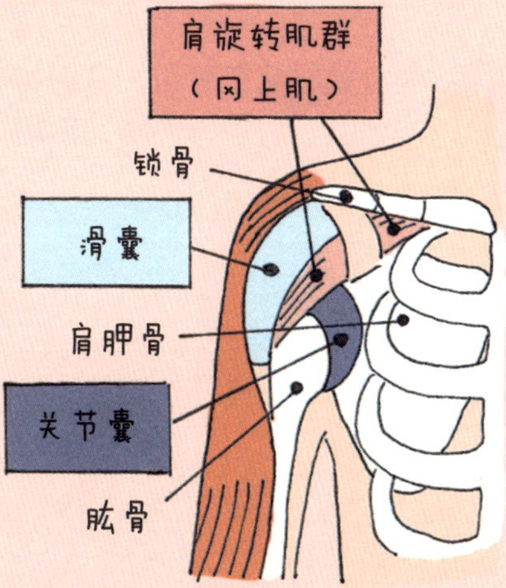

怎么预防或改善

一般肩周炎会经历急性期（2周到1个月）、慢性期（半年到1年）、恢复期三个阶段，急性期疼痛剧烈，慢性期肩部疼痛缓解，肩部活动受限，恢复期疼痛和关节活动都逐渐恢复。急性期疼痛剧烈时，我们可以一边密切观察一边暂时用湿布冷敷镇痛。进入慢性期后，改为热敷。从这个阶段开始，手臂和肩部的活动会逐渐恢复。

不过，如果肩部乃至关节不多多活动，肌肉会逐渐僵硬并发展成活动障碍。一旦症状恶化，疼痛剧烈，就需要再次采用急性期的处置方法了。恢复的关键在于平时多做一些伸展操和按摩，放松肩部和手臂的肌肉，增加柔软度。

借助墙壁大幅度转动手臂

no.08

仰泳

伸展操

急性期
1 组

慢性期
1～3 组

“四十肩”或“五十肩”的形成主要是
肩部的老化造成的。
转动手臂时会发出嘎吱嘎吱声音的人要特别留意。

1 **侧身站在墙壁旁边，右肩和手掌贴在墙壁上。**
手臂从大腿前方开始，用类似仰泳的姿势从前向后大幅转动。

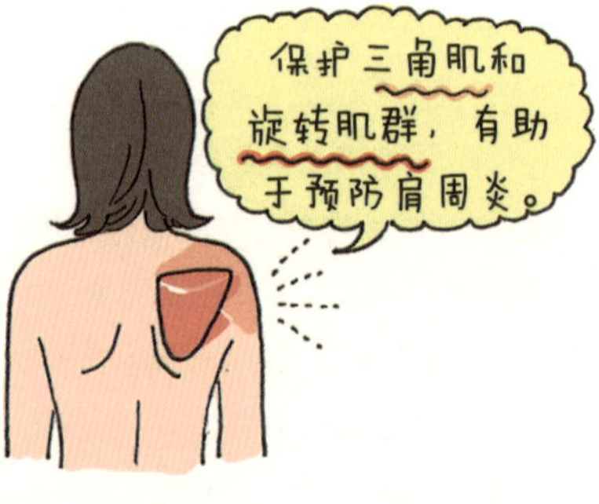

POINT 手肘充分伸展，小指在前引导手臂转圈。做操时，不仅手掌不可离开墙壁，肩部和手臂也要尽量贴紧墙壁，以便充分伸展平时得不到锻炼的肌肉。若感到肩部疼痛，身体可以稍微远离墙壁，在不感到疼痛的前提下旋转手臂。手臂从正上方向后转动时最为费力，不过做完后，肩关节会感到非常舒服。

2 转动一周，手掌伸到大腿后方后，手掌翻转并回到①所在的位置。
另一只手臂重复以上动作。

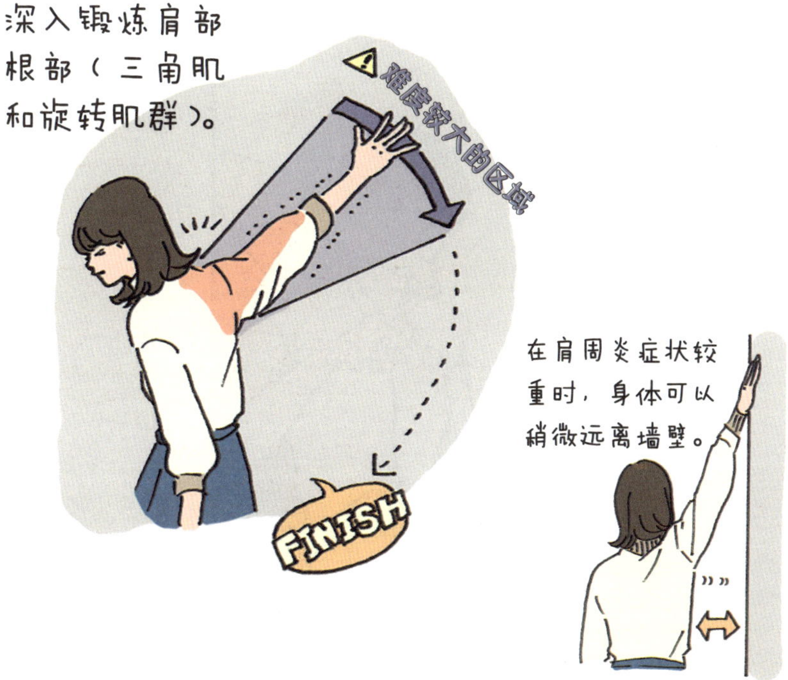

功效解说

由于平时我们举起手臂的机会较少，加之随着年龄的增加血液循环不畅等原因，手臂渐渐地会抬不起来。舒展三角肌（附着在肩部最外侧的肌肉）和旋转肌群（辅助肩胛骨活动的肌肉群），可以促进血液循环，有效地保持肩关节的柔软度。如果这些肌肉之间具有良好的协调性，还可以预防肩部损伤。

具有松解肩胛骨和预防肩周炎的双重功效

no.09

旋转手肘

伸展操

急性期
1组
慢性期
1～3组

舒展肩胛骨以及肩关节周围的肌肉，
具有矫正身姿、更易变瘦、
让颈部更易活动等诸多益处。

1 站在墙壁旁边（坐姿亦可），手臂大幅弯曲。
手肘碰到墙壁后，靠近墙壁使腋下部位更加贴合墙壁。
转动肩膀让手肘在墙壁上画出一个大大的圆形。

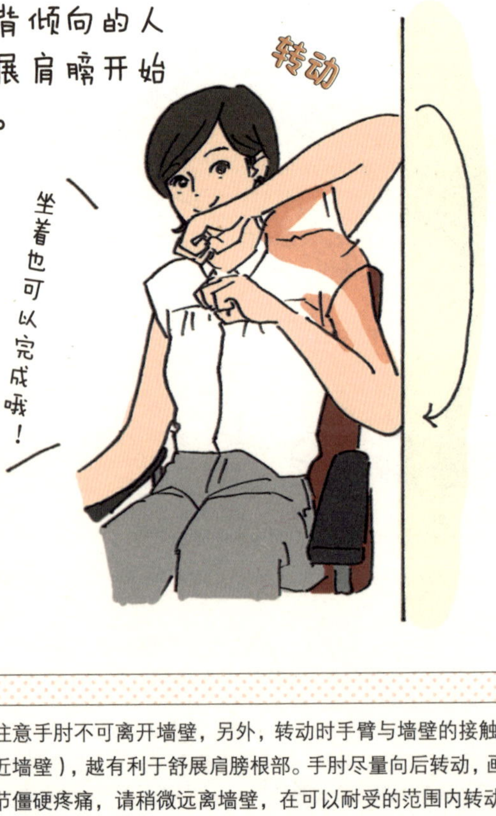

POINT 注意手肘不可离开墙壁，另外，转动时手臂与墙壁的接触面积越大（上臂和腋下更贴近墙壁），越有利于舒展肩膀根部。手肘尽量向后转动，画出一个正圆。如果感到肩关节僵硬疼痛，请稍微远离墙壁，在可以耐受的范围内转动即可。

2 转动1～2圈后，另一只手重复以上动作。

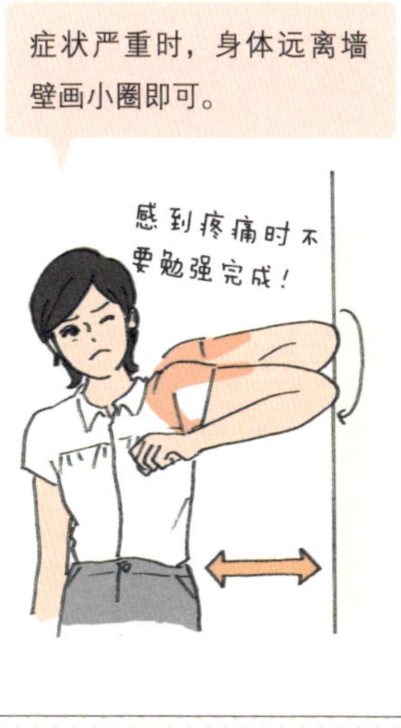

功效解说

肩周炎的症状严重时，有时可能无法做到“仰泳伸展操（p50）”中要求的伸展手臂，抬起并转动的动作。这时我们可以从能够做到的动作开始尝试，如手臂弯曲画小圈等等。手肘向后方大幅转动，可以缓解顽固的肩部酸痛症状，增加肩关节的柔软度，还有利于胸部的舒展。

Column 2

肩胛提肌——顽固性肩部酸痛的元凶之一

虽然肩胛提肌在颈部和肩部章节中曾被多次提及，不过很多人可能对它并不熟悉。该肌肉是连结颈部骨骼与肩胛骨的深层肌肉（身体内部的肌肉），主要用于协调上半身的很多动作，如上提肩胛骨、固定手臂和肩部以保持姿势稳定等。

让肩胛提肌发挥作用的具体动作是：抬起手臂、扭动脖颈、耸肩等。这些都是日常生活中常做的动作，因此，肩胛提肌是很容易出现酸痛症状的肌肉。

另外，肩胛提肌连结着颈部骨骼与肩胛骨，呈扭曲的带状，十分脆弱。如果身体长期处于“颈椎生理曲度变直”（p24）或驼背的状态，就会对肩胛提肌造成较大的负担。

肩胛提肌是深层肌肉，它的疲劳和僵硬很难缓解。虽然直接作用于肌肉深处的针灸治疗等疗法也很有效，不过有一部分人群并不接受针灸治疗，这时就可以练习一下本书中介绍的可以舒展肩胛提肌的伸展操。

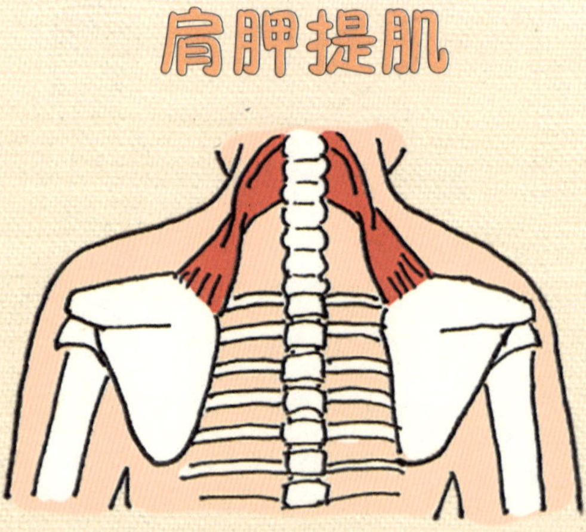

Column 3

让肩部动作更轻盈的“旋转肌群”

旋转肌群是肩部周围肌肉群的总称，为了方便理解，你可以把它理解为团队名称。旋转肌群的成员包括冈上肌、冈下肌、小圆肌、肩胛下肌四块肩部周围的深层肌肉。

该肌肉群负责协调很多细微的动作，如在投球时，确保肩胛骨和手臂的骨骼不会发生碰撞。

负责投球动作的主要是表层肌肉（覆盖在身体表层的肌肉）之类的大块肌肉，而旋转肌群起到了辅助动作顺利完成的作用，可以说它是“背后的无名英雄”。

酸痛、疲劳、过度用力导致的损伤，以及老化导致的血液循环不畅等原因，都会造成旋转肌群的机能减弱，进而引起肩关节无法灵活地活动。如果继续发展，就有可能发展成类似肩周炎的剧烈疼痛、肩关节活动受限等症状。

为了防止肩部疼痛，大家最好能在平时就多做一些缓慢转动肩部的伸展操，提高旋转肌群的柔软度。

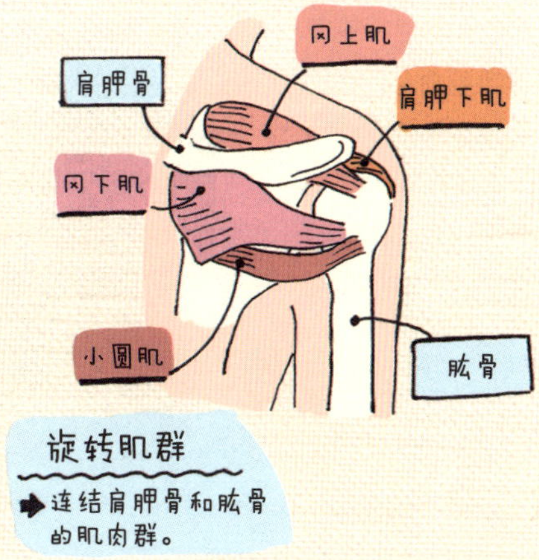

症状解说

指尖麻木、肩膀前部酸痛

胸廓出口综合征

肩部酸痛是一系列症状的泛称，该症状不仅表现在背部一侧，也可能出现在胸部。例如，长时间高举手臂会造成胸廓出口（肋骨和锁骨之间的间隙）变得狭窄。肌肉会压迫通过该间隙的神经和血管，引发颈部、腋下、手臂和手指等部位出现疼痛、麻木症状。

易患病人群

溜肩和肌肉力量较弱的女性更易患病。此病常见于在黑板上写字的教师、手持剪刀的美发师等人群，因为从事这些职业的人需要长时间保持高举手臂的姿势。还有一些之前很少刷油漆的女性，在刷漆后出现了疼痛症状。另外，用背包搬运重物时，重量会集中在肩带上，压迫肩部前部，也可能造成酸痛症状。

如果任其发展，会怎么样

可能会发展成血液循环不畅导致的发冷、耳鸣、晕眩、从后脑勺到耳部或口部的麻木等各种症状。如果病情继续恶化，还可能出现头痛、恶心等严重症状。

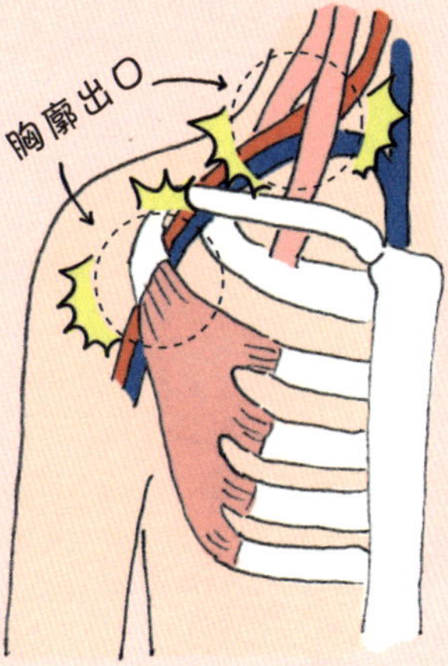

怎么预防或改善

注意不可长时间抬高手臂至肩膀以上。另外，需要背重物时，注意不可使其过度压迫肩膀。如果症状轻微，可以多做几次伸展操或按摩，舒展僵硬的肌肉，缓解疼痛和麻木症状。

医院主要使用的是药物疗法和神经阻滞疗法。症状十分严重时，可能隐藏着其他严重的疾病，因此最好请医生进行诊疗。

针对女性更易罹患的肩膀前侧酸痛

no.10

捧水蛙泳

伸展操

1day

3～4组

肩关节长时间不活动，或者肩部受到压迫，
会导致脖颈根部和锁骨附近僵硬，
并感到明显的麻木和疼痛。

① **面向墙壁站立，保持半步的距离。**
双手掌心朝上，两个小指紧紧贴在一起。
指尖抵在墙壁上，向上抬起指尖做出类似捧水的动作。

☑ **POINT** 锁骨周围、腋下、上臂微微颤抖是这套体操产生效果的证据。如果双掌可以轻松地合拢，①中可以尝试将小指合拢进阶为合拢到手肘，这样做操的效果会更好。③中手掌需在距离身体最远处画圈，让肩胛骨充分地活动。

2 双手抬高至极限后，翻转手腕，让手掌贴在墙壁上。
保持姿势不变，手臂向上伸展，让上半身紧紧贴在墙壁上后放松。

3 保持手掌贴在墙壁上不动，手臂模仿蛙泳的姿势自上而下画着大圈放下来。
在手掌靠近大腿侧边时，利用手掌的推力，将倚靠在墙壁上的上半身推回来，恢复①的状态。
重复以上动作 2～3 次。

功效解说

颈部、胸部、腋下周围僵硬的肌肉会压迫神经和血管的通道，引起疼痛和麻木症状，造成“胸廓出口综合征”。放松疲劳的肌肉，即可缓解疼痛和麻木症状。按照①～③的步骤练习这套体操，不仅能够缓解前胸一侧的酸痛症状，还能起到紧致上臂和改善驼背的作用。

屈肘呈直角就能带来惊人的伸展效果

no.11

直角推墙

伸展操

感到不适时

1day

4～5组

使用手机或烹饪时，
我们都会用到胸小肌。
胸小肌的疲劳僵硬可能会导致驼背。

1 左臂屈肘呈直角，手掌到手肘部分紧贴墙壁。
大步跨出右脚，双脚前后分开。
胸部和腰部向右前方扭转的同时，伸展腋下周围的肌肉。

☑ **POINT** 这套体操有效地利用了房间出入口的墙壁。如果感觉效果不佳，可以将跨出去的那只脚再向前移动一些，并像挺胸一样地扭转身体，以更充分地伸展身体。注意不要过多借力，慢慢地伸展腋下周围的肌肉即可。试着改变一下手臂接触墙壁的位置和伸展方式，还可以达到锻炼更多肌肉的效果。

2 接下来将左手手肘移向比①更高一些的位置，与①相同，胸部和腰部向右前方扭转的同时，伸展腋下周围的肌肉。另一只手反方向重复以上动作。

功效解说

①主要锻炼的是胸部平坦的肌肉，即胸大肌。锻炼胸大肌，可以改善胸围和肌肉的基础代谢。②将手部位置上移，不仅能锻炼胸大肌，还能轻松伸展更深处的胸小肌。胸小肌具有辅助呼吸的作用，锻炼胸小肌能够增大吸入的氧气量，让大脑更清醒。练习这套体操有利于胸部舒展，因此还可以改善驼背。

Column 4

肌肉疼痛和肌肉酸痛有什么区别

两者发作时都伴有疼痛，虽然症状相似，实则大不相同。

肌肉疼痛是过度运动引起的，是超负荷使用身体造成的，可以称之为“肌肉过劳状态”。其致病因为肌肉损伤和炎症，因此，过一段时间后疼痛会逐渐缓解并消失。

肌肉疼痛剧烈时，最好马上静卧或休养。勉强活动或是施加刺激都不利于康复。另外，冷敷也能起到一定效果。

肌肉酸痛指的是长期保持一个姿势引起的肌肉局部血液循环不畅的状态。如果不适当运动，会造成疲劳物质累积。而驼背之类的身姿扭曲，会让疲劳物质更容易积聚，加剧酸痛症状。

酸痛是由血液循环不畅引起的，因此重要的是尽量让酸痛的部位多多活动。轻度运动、按摩和伸展操是最合适的恢复手段。

如果是像运动员一样由剧烈运动造成的肌肉疼痛，可用前文介绍的方法处理。不过，如果平时不怎么运动的人，休息日做运动后引起了肌肉疼痛*，采用针对酸痛的处理方式，按摩放松一下，可能恢复得更快。

* 如果伴有肿胀或发热症状，请冷敷处理。

WALL STRETCH

第三章
背部

确认一下健康状况!

背部

Check 01 ▶自己确认

背对墙壁站立，保持半步的距离，伸直手肘，双掌合十于胸前，保持姿势不变，腰部向左右两侧扭动，使手背贴在墙壁上。

●GOOD!
左右两侧手背都能贴在墙壁上，腰部无不适感。

▲BAD!
只有一侧手背可以贴在墙壁上，腰部有不适感。

✖DANGER!
左右两侧手背都不能贴在墙壁上，腰部有不适感。

Check 02 ▶自己确认

背部紧贴墙壁站立，将手插入墙壁与背部的间隙中

●GOOD!
手腕可以插入间隙内，但不能转动方向。

✖DANGER!
手腕无法插入间隙（驼背）。

✖DANGER!
手腕可以插入间隙内，而且可以自由地转动方向（骨盆前倾）。

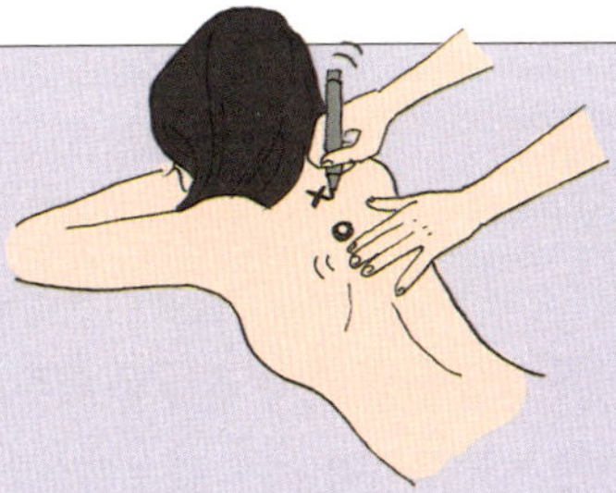

Check 03 ▶两人确认

被测试者趴在坚硬的地板上，脊椎保持平直状态。测试者用水性笔在其脊椎位置（突出部分）上做标记。脊椎的位置如有左右偏移画圈，轻轻按压有痛感则画叉。

●GOOD!

圈和叉均无标记。

▲BAD!

圈和叉各标记 1 个。

✖DANGER!

圈和叉均标记 2 个以上。

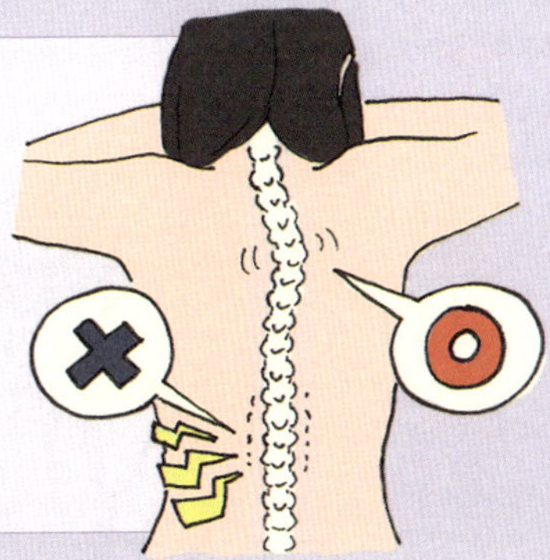

RESULT

如果你的症状与“▲ BAD！”或“✖DANGER！”的描述相符，可能是背部肌肉疲劳导致的。请找到你预估的症状所在页，并练习对应的伸展操。

上半身疲劳、乏力

慢性背部酸痛

▼

p66

疑似内脏病变

背部疼痛

▼

p76

症状解说

上半身疲劳、乏力

慢性背部酸痛

背部酸痛或乏力主要是由背部肌肉慢性疲劳引起的。那么，所谓的慢性疲劳又是什么原因造成的呢？一般认为，习惯性的姿势不良和过度使用肌肉引起的肌肉紧张以及精神压力为其致病因。

竖脊肌位于背部的中间位置，起到了支撑脊椎稳定，让上身直立的作用，长时间站立或久坐都容易导致竖脊肌疲劳。

如果任其发展，会怎么样

引起颈肩酸痛、头痛、腰痛等症状。

因为背部肌肉在身体上占据了较大面积，所以可能会对整个身体的健康状况造成恶劣影响，引发如后文所述的内脏病变（p76）。另外，还可能导致患者产生精神压力、睡眠不足、倦怠感等。

怎么预防或改善

其病因为肌肉的慢性疲劳，因此最关键的自然是不能过度使用肌肉，不可长时间保持不良姿势。另外，要改变“工作日一直伏案工作，休息日整天休息”的生活方式。注意不要一味地让肌肉休息，充分伸展放松才是解决之道。

长期不规律的生活节奏会对内脏造成负担，也容易导致背部肌肉疲劳。

推荐患者改善生活习惯，利用工作间隙和休息日做好伸展操，预防慢性背部酸痛症状的产生。

一只手解决背部上部严重的酸痛症状

no.12

“不倒翁摔倒了”

伸展操

1day

2～3组

人们在繁忙的时候往往抽不出时间来做伸展操。推荐大家通过这套单手即可完成的伸展操，放松肩部和背部。

1 面向墙壁站立，保持一步的距离。
左手手肘微弯，手肘到手掌抵在墙壁与视线平齐的位置上。
保持姿势不变，上半身放松后倚靠在墙壁上。

POINT 保持身体面向墙面的姿势，慢慢地将头部和肩部垂到手臂以下。伸展的时候一边呼气一边卸力，让肩胛骨周围的肌肉从肩胛骨上剥离下来。如果伸直膝盖时难以完成，可以在头部和肩部垂下时微曲膝盖，并调整腿部和手臂至舒适位置。

2 一点一点后退的同时，慢慢地将头部和肩部垂到手臂以下，伸展腋下和肩胛骨周围的肌肉。
一边呼气一边伸展肌肉，然后回归原位。
反方向重复以上动作。

功效解说

如果一个部位的肌肉酸痛僵硬，周围的肌肉就会代替它工作。长此以往，周围的肌肉也会疲劳，陷入肌肉酸痛不断加剧的恶性循环。最好的办法就是勤于放松肌肉，不让酸痛累积。在繁忙的时候，可以利用工作间隙做一些简单的伸展操，让肌肉得到充分的休息。做这套体操时配合深呼吸，还能提高注意力和放松心情。

背肌衰弱会导致驼背或腰痛

no.13

“拉不开门”伸展操

1day

2～3组

运动不足会导致肌肉力量持续衰弱。
肌肉力量下降，支撑身体重量的力量就会不够，
进而导致驼背或腰痛。

1 侧身对着墙壁站立，伸直右臂用指尖勾住墙壁的拐角。
两脚前后大步分开，身体向后用力，伸展手臂和背部的肌肉。
换另一只手重复以上动作。

POINT 做这套体操时，想象自己拼命地想要拉开类似学校体育馆等场所又大又重的大门。这套体操作用于在悬吊身体和引体向上动作中工作的背部肌肉。注意调整双腿的位置，谨防摔倒。

2 右手指尖勾住墙壁拐角的姿势不变，双脚改为左右分开。身体向后用力并伸展手臂后，慢慢弯曲手肘，让上半身回归原位。
换另一只手重复以上动作。

功效解说

通过①可以伸展背部上部的斜方肌和竖脊肌等肌肉。锻炼竖脊肌可以有效地缓解背部蜷曲的倾向，起到预防驼背的作用。在拉开沉重的大门时，背阔肌起到了稳定身体的作用，通过②可以一点一点地拉伸这块肌肉。背阔肌位于背部下方，平时很少用到，因此可以通过这套伸展操放松一下。

伸展背部，防止驼背

no.14

“左顾右盼”伸展操

感到不适时

1day

4～5组

颈部或背部僵硬，不仅会导致姿势习惯性前弓，
还可能造成回头时疼痛的概率增加、
身体的疲劳不易消除等症状。

1 面向墙壁站立，保持半步的距离，双臂左右大幅度张开。
手肘微微弯曲，将双掌抵在墙壁与视线平齐的高度。
双脚分开比肩稍宽，收腹并伸展背部肌肉。

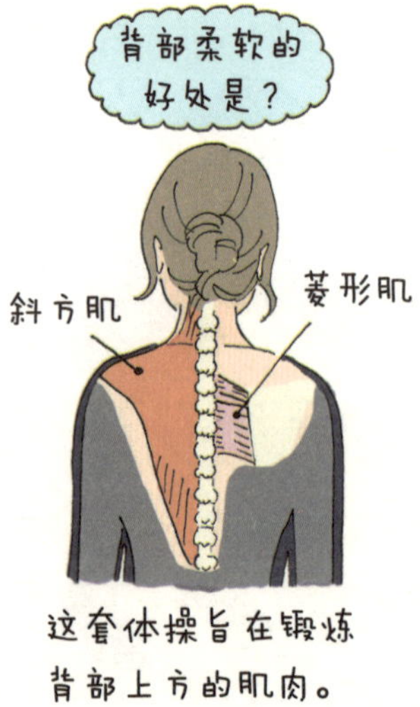

☑ **POINT** 俯视脚跟方向，可以通过将弓起的背部向后仰，放松僵硬的背部肌肉，使其更加柔软。伸展背肌，腹肌微微用力的同时扭转身体，可以起到锻炼躯干的作用。如果背部开始慢慢发热，就说明有效。

2 微微踮起脚跟，慢慢地向右扭动上半身，俯视右脚根方向。
其他动作不变，上半身改为向左扭动。
左右交替各重复 3 次。

功效解说 推荐平时习惯弓着背部，导致肩胛骨周围顽固性酸痛的人练习这套速效性伸展操。微微踮起脚跟，不仅能够起到更好的矫正效果，还能大幅伸展脊椎或背部的肌肉竖脊肌。提高背部的肌肉的柔软度，既能促进全身的新陈代谢，让身体更易变瘦，还可以解除疲劳。

增大肺活量，打造健康的身体

no.15

靠墙小憩

伸展操

感到不适时

1day

4～5组

很多人的肌肉力量弱，容易出现呼吸浅短的问题。如果氧气供应不足，晚上就无法熟睡，还会产生瘦不下来等各种不良影响。

1 侧身站在墙壁旁边，保持半步的距离。高举右臂并大幅度弯曲手肘，让指尖碰到左肩。保持姿势不变并将右侧手肘倚靠在墙壁上。

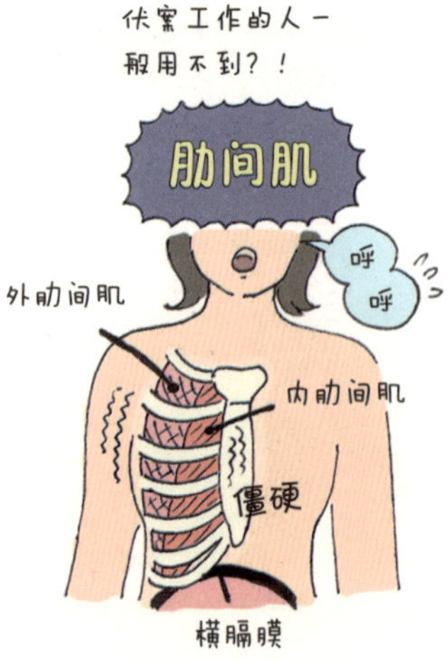

☑ **POINT** 手肘置于身体一侧倚靠在墙壁上。呼气的同时用尽全身的力量靠向墙壁，让腋下紧贴墙壁，以充分伸展并放松僵硬的上臂和侧腹。肋骨较为脆弱，切勿用力过猛。用力靠向墙壁时微微踮起脚跟，能够起到促进全身的血液循环、收紧小腿的效果。

2 用全身的力量压向墙壁，以伸展上臂和腋下。
之后恢复原位。
重复 4 ～ 5 次后，反方向重复以上动作。

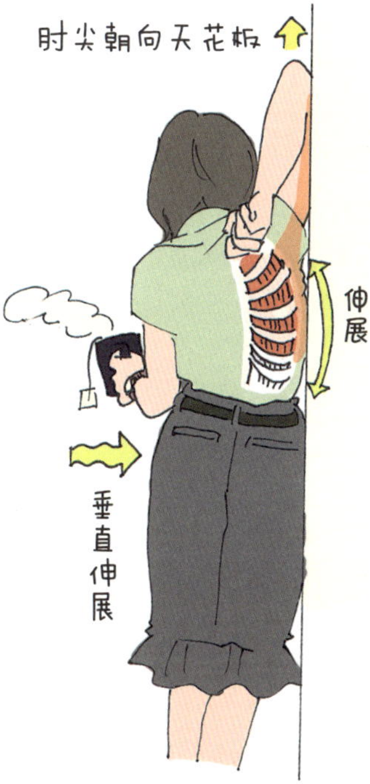

用全身的力量压向墙壁时，轻轻地踮起脚跟，身体恢复原位时放下，这样可以促进新鲜的空气或血液在体内循环。

功效解说

如果长时间不活动上半身，会使肋间肌和横膈膜变得僵硬，进而导致人体只能用颈部和肩部的肌肉进行浅短的呼吸，让原本就很疲劳的颈部和肩部更快地出现顽固性酸痛症状。放松肋间肌等呼吸肌，可以吸收更多新鲜的氧气，让身体更加健康，起到缓解呼吸困难、减轻压力、让身体不易疲劳的作用。

症状解说

疑似内脏病变

背部疼痛

背部不适的原因不仅限于不良姿势和压力，偶尔也可能存在内脏病变。这是身体内部发出的警告，如果放任不管，可能会发展成严重的疾病，要特别注意。

背部左侧疼痛

慢性胰腺炎可能会伴有左侧背部（或上腹部）疼痛。不过，同样是背部左侧疼痛，如果还伴有肩部和手臂疼痛的话，也可能罹患了心绞痛或心肌梗死等心脏疾病。如果呼吸困难或胸痛症状持续数日，请尽快就医。

背部右侧疼痛

支气管炎、哮喘、肺炎等都可能引起背部右上部疼痛。如果咳痰、发热、气喘等症状较为严重，需要针对造成这些症状的疾病进行治疗。肩胛骨下方疼痛可能是肝脏、胆囊等器官虚弱引起的。平时要注意饮酒量和日常饮食。

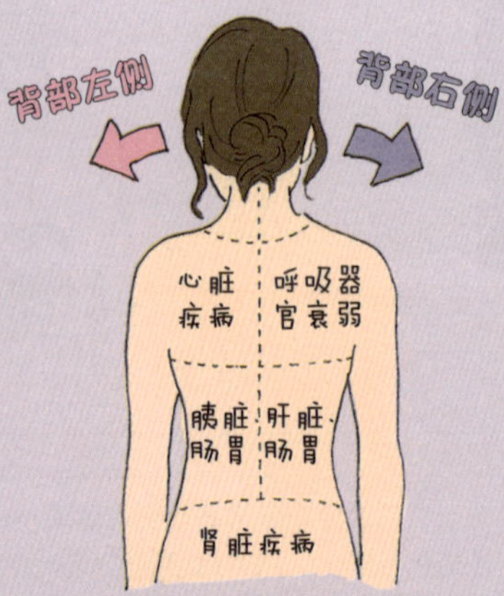

当然，并非所有的背部疼痛都是内脏病变引起的。例如，因暴饮暴食造成的肠胃虚弱，有时也会出现背部左右两侧僵硬、疼痛的症状。

本书介绍的伸展操并不能直接治疗这些疾病。不过，如果可以在发展成上述疾病之前，改善生活习惯，通过墙壁操等伸展运动调整身体状态，能够在一定程度上缓解症状。

预防小腿水肿、发冷

no.16

脚跟摇摆

伸展操

感到不适时

1day

4～5组

小腿具有促进淋巴流动的作用，因此也被称为“第二心脏”。如果小腿肌肉力量不足，而我们又不采取任何措施，可能会发展成腿部发冷、痉挛等不适症状。

① **面向墙壁站立，伸出双臂。**
手掌抵在墙壁与视线平齐的高度。
左脚向后跨出一大步，从小腿到跟腱伸直后，以脚尖为支点，脚跟左右大幅摆动 20 次左右。

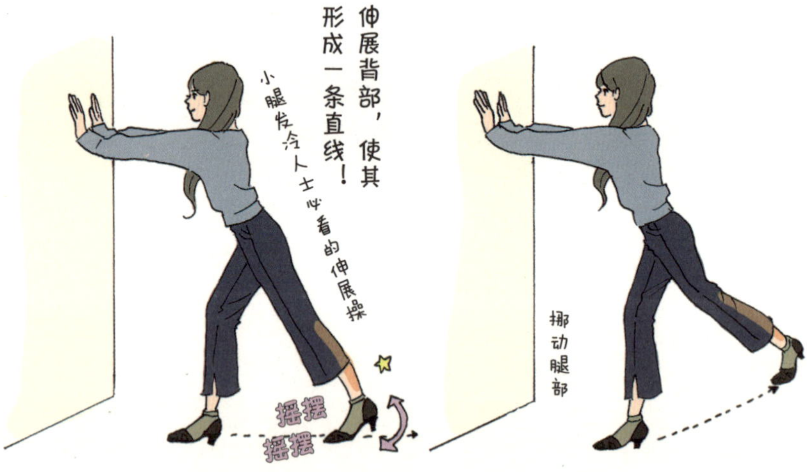

② **接下来，保持身体的姿势不变，左脚向右侧移动一大步。**
停下后以脚尖为支点，脚跟左右大幅摆动 20 次左右。

POINT 做好这套体操的关键是上半身前倾，使身体在斜向呈一条直线。保持该姿势摆动脚跟，不仅可以锻炼小腿，对背部肌肉也能产生效果。摆动脚跟时以脚尖为支点抬起脚跟，向左侧摆动让脚跟贴近地面，再向右侧摆动让脚跟贴近地面，充分伸展和收缩小腿的肌肉。

3 左脚回归到①时的位置，保持身体的姿势不变，左脚向左侧移动一大步。
停下后，以脚尖为支点，脚跟左右摆动 20 次左右。
更换另一只脚重复①～③动作。

心脏的收缩可以推动血液流动，而肌肉的活动可以推动淋巴液的流动。特别是脚部的血液距离心脏最远，需要克服重力逆向流动，所以，除了心脏，肌肉也至关重要。因此，小腿也被称为“第二心脏”。

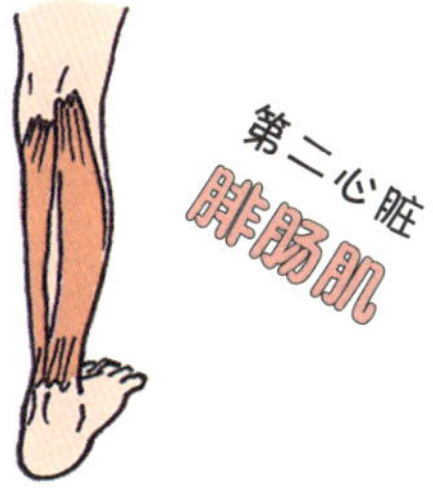

功效解说

单凭一套体操并不会显著改善内脏状态，不过通过放松被称为“第二心脏”的小腿，可以消除腿部水肿，增强肾脏和其他内脏的活性，小腿内外侧都有腓肠肌，放松腓肠肌可以让整个小腿感到舒适，并且从脚尖开始变得温暖起来。

改善蜷曲的身体，起到“拉伸躯体”的效果

no.17

节拍器
伸展操

感到不适时

1day

4～5组

上半身蜷曲的姿势会压迫内脏，
导致全身不适。
本套体操旨在“拉伸躯体”，塑造柔软的身姿。

1 背部倚靠在墙壁上，保持一步的距离站立。
向上高举双手，手腕分别扭转后合十。
保持姿势不变，手掌贴在墙壁上，手臂和上半身向上拉伸，直到上臂贴近耳朵。

POINT 做好本套体操的关键是以“拉伸躯体”为宗旨，充分伸展手臂和侧腹。收腹并微微地踮起脚跟，可以让拉伸躯体的效果更好。调整身体姿势保证不会摔倒，同时慢慢地向左右倾倒上半身。缓慢地倾倒身体还能起到锻炼腹肌和躯干的作用。

2 保持倚靠在墙壁上的姿势不变，肩胛骨摩擦着墙壁，让手臂和上半身慢慢地向左右倾倒。

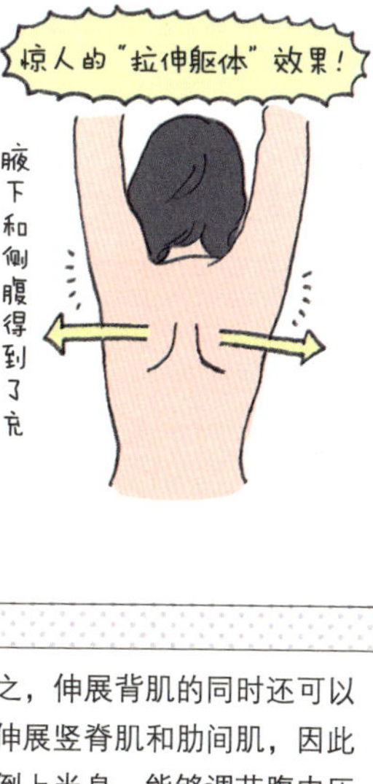

功效解说

背部蜷曲会造成腹部的肌肉萎缩，内脏机能衰退。反之，伸展背肌的同时还可以锻炼腹部，促进腹肌的形成。另外，本套体操还可以伸展竖脊肌和肋间肌，因此饭前练习能起到减肥的效果。拉伸躯体的同时左右倾倒上半身，能够调节腹内压并提高内脏机能。

Column 5

生气时，腹部真的会站起来吗

日语中“お腹が立つ”“立腹”都是生气的意思，其起源十分古老，在日本著名的《竹取物语》(日本平安时代，794—1192年)中就有相关描述。

胃处于体内从心窝到肚脐以上2～3厘米的位置，平时呈自左向右倾斜的悬吊状态。不过，人在生气时，胃部周围的平滑肌就会迅速收缩，斜向的胃部就会变成直立状态。

刚好符合“お腹が立つ(腹部站起来)”的描述……

很多人可能都会怀疑，难道日本平安时代就有X射线了？事实并非如此。只是古人的言论恰巧与解剖学吻合而已，这也不失为一桩趣谈。

如果经常生气、着急，让身体感受到了压力，胃部就会持续保持站立状态，胃部周围的肌肉也会持续陷入紧张状态。长此以往可能会导致胃痛，不利于身体健康。

在日常生活中，注意不要让腹部(胃)经常站起来哦。

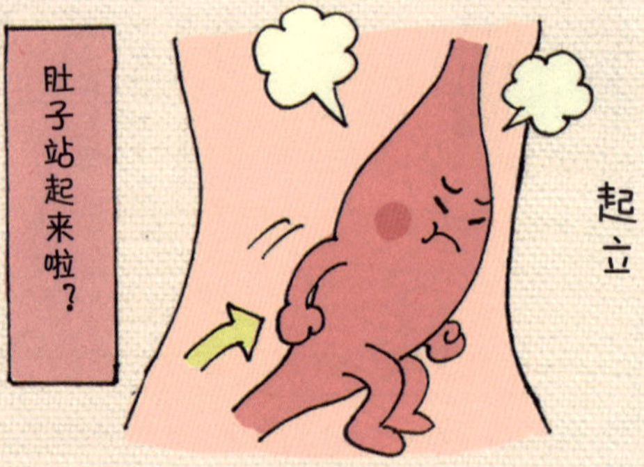

WALL STRETCH

第四章

腰部

确认一下健康状况！
腰部

Check 01 ▶自己确认

保持膝盖伸直，腰部向前弯折，手掌触地。

●GOOD!
手掌触地后大腿和腰部无痛感和抽搐感。

▲BAD!
虽然有痛感和抽搐感，但指尖勉强能碰到地板。

✖DANGER!
因为疼痛和痉挛，指尖无法碰到地板。

Check 02 ▶自己确认

仰卧后膝盖大幅度弯曲让脚跟靠近臀部，臀部和脚部保持不动，膝盖左右摆动。

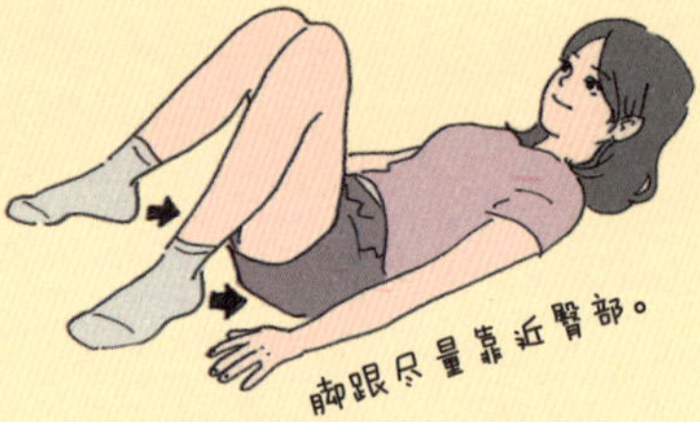

●GOOD!
摆动的膝盖左右均可接触到地板，腰部无不适感。

▲BAD!
摆动的膝盖无法接触到一侧的地板，另外腰部有不适感。

✖DANGER!
膝盖无法接触到任意一侧的地板，另外腰部疼痛。

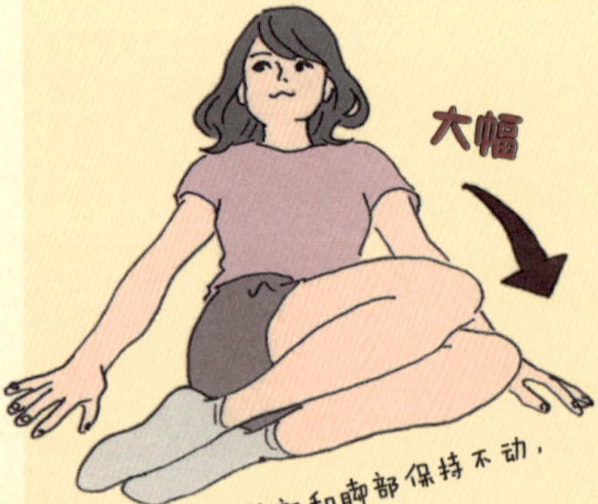

Check 03 ▶两人确认

被测试者的脊椎保持平直状态并趴下。
测试者握住被测试者的脚踝，弯曲并伸展膝盖2～3次，
将双脚沿着身体的中心线放下。

●GOOD!
双脚左右差异（脚跟之间，以及脚尖之间的位置差异）在1cm以内。

▲BAD!
双脚左右差异在1cm以上。

✖DANGER!
双脚左右差异在1cm以上，且骨盆严重扭曲。

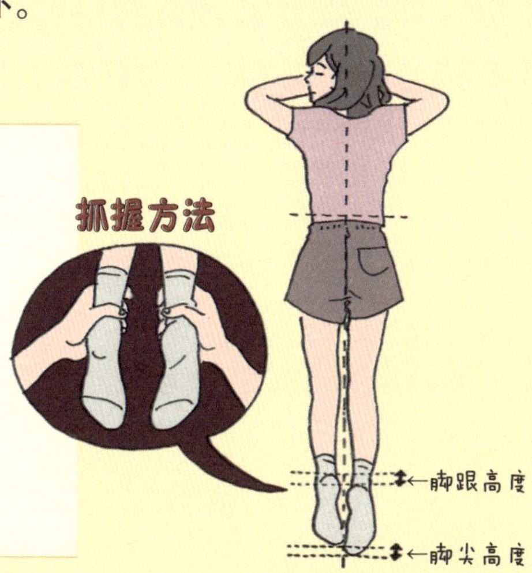

身体在不知不觉间可能会产生扭曲，
不放心的人可以确认一下。

RESULT

如果你的症状与“▲ BAD！”或“✖DANGER！”的描述相符，可能是腰部肌肉疲劳导致的。
请找到你预估的症状所在页，并练习对应的伸展操。

不明原因的腰部疼痛
慢性腰痛
▼
p86

针刺般地神经性疼痛
腰椎间盘突出、坐骨神经痛
▼
p96

症状解说

不明原因的腰部疼痛

慢性腰痛

人们从事的工作或经常保持的姿势可能会对腰部造成负担，而腰部负担过重会导致腰痛。例如，如果长时间保持站姿（坐姿），会造成背部或腰部血液循环不畅，引起酸痛或疼痛。

急性腰扭伤指的是……

急性腰扭伤指的是搬起重物等物的时候，腰部突然疼痛的现象，也就是我们常说的“闪腰”。一般伴有剧烈的疼痛，西方将其称为“魔女的一击”。急性腰扭伤是由腰部、骨盆周围的肌肉、韧带、关节囊等扭伤或损伤造成的，一般在肌肉的炎症治愈后一周左右，疼痛就会消失。

如果任其发展，会怎么样

慢性腰痛不仅会导致腰部酸痛或疼痛，还会引起脊椎（腰椎）扭曲。如果腰椎扭曲压迫到周围的神经，不仅会对腰部造成影响，有时还会引起臀部和腿部的疼痛和麻木等症状，发展成腰椎间盘突出（p96）。另外，还会增加闪腰等急性腰扭伤的发生概率。

急性腰扭伤不仅会引发肌肉炎症，有时还会造成骨骼之间的椎间盘损伤，引起腰椎间盘突出（p96）。如果疼痛持续一周以上，还伴随着腿部的疼痛和麻木症状，就需要特别留意。

怎么预防或改善

长时间保持站姿（坐姿）或前弓姿势，容易造成腰部肌肉疲劳。预防的关键是注意养成不会对腰部造成额外负担的生活习惯，以及提前做好预防腰痛的工作，如练习伸展操，或做按摩等。

如果一直待在不容易改变姿势的狭窄空间或者突然搬起重物时，容易引发急性腰扭伤，需特别留意。发生腰扭伤后，最重要的是马上静卧。若疼痛超过10天仍然没有缓解，或出现腿部麻木、血尿、血便、贫血等症状请及时就医。

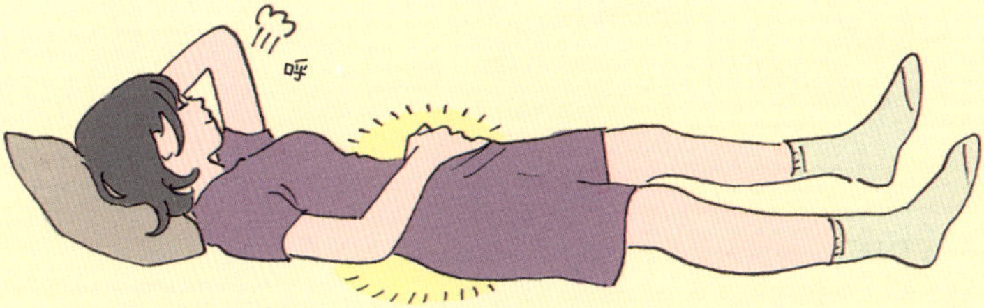

伸展大腿内侧，预防腰痛

no.18

坐上墙壁
伸展操

感到不适时
1day
4～5组

坐在地板上伸直双腿后，上半身向前弯曲，
如果大腿内侧感到针刺般疼痛，
未来罹患腰痛的风险较高。

1 背对着墙壁，保持半步的距离站立，臀部倚靠在墙壁上。双手支撑着墙壁防止摔倒，同时腰部尽量弯折呈直角，伸展大腿内侧。

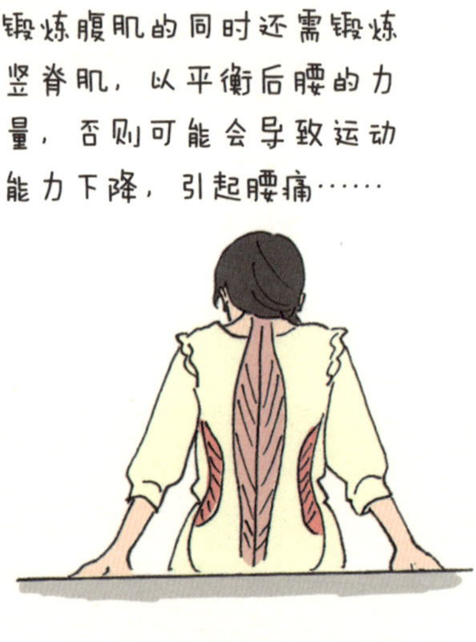

☑ **POINT** 伸直背部和膝盖后，将腰部尽量弯折呈直角，可以伸展背部和大腿内侧。练习中不断调整臀部摆动的幅度，效果更佳。摆动臀部可以缓解肌肉紧张，达到更好的伸展效果。腰痛患者要在不感到疼痛的前提下进行练习，感到疼痛后请立刻中止。

2 双手稍向外侧挪动，臀部摩擦着墙壁左右滑动 20 次左右。

功效解说

一部分人可能很难做到坐位体前屈，那不妨借助墙壁的力量试一下。倚靠着墙壁，即使腰部无法弯成直角也不用担心摔倒。充分伸展大腿内侧的腘绳肌，可以帮助身体更容易保持良好的姿势，也能减轻腰部负担。这套体操还能锻炼到竖脊肌和腹斜肌，这些肌肉具有调节内脏至正确位置，减轻腰部和躯干负担的作用。

腹肌是保护内脏的天然紧身衣

no.19

“回眸美人”伸展操

1day

2～3组

小蛮腰＝拥有紧致腹斜肌。
腹斜肌起到了保护内脏、支撑腰部的作用，
被誉为天然紧身衣。

1 背对着墙壁站立，保持半步的距离，背部倚靠在墙壁上。保持上述姿势不变，左脚向右迈出一大步，让双脚交叉站立。

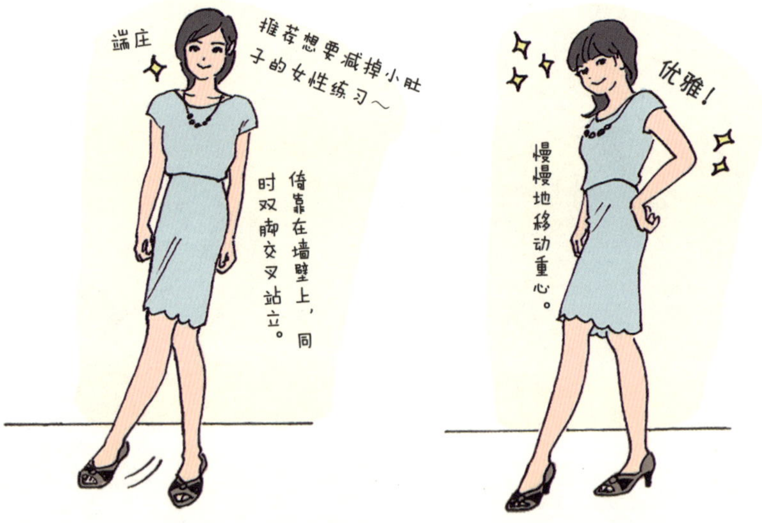

2 保持背部倚靠墙壁的姿势不变，将身体的重心移动到迈出的左脚上（左肩可以离开墙壁），左手抵在腰间。

☑ **POINT** 做好这套体操的关键是将身体的重心转移到迈出的那只脚上。练习时需充分伸展膝盖和背肌，保持优美的姿势。手肘抵住墙壁时，如果乱动就会前功尽弃。将手肘贴在墙壁上并保持其位置不变，扭动腰部的同时有意识地拉伸腹肌。

3 保持身体的姿势不变，面部和腰部一起向左侧扭转，直到左手手肘抵在墙壁上。
扭转的腰部恢复原位，放松。
反方向重复以上动作。

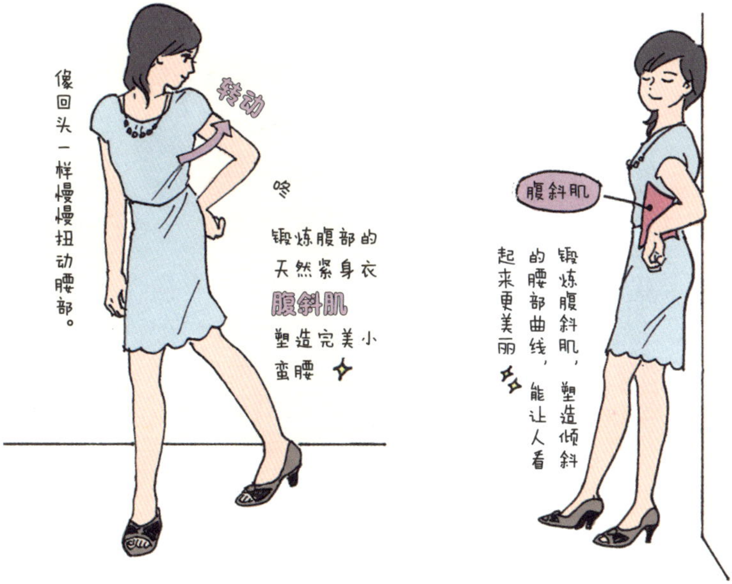

功效解说

想要拥有小蛮腰或者紧致的腹部，需要锻炼的是侧腹的肌肉，即腹斜肌。腹斜肌不仅会在弯折和扭转身体时起作用，还能从内而外塑造美丽的身体，如提拉骨盆、稳定内脏位置、促进排便等等。锻炼腹斜肌可以托起下垂的内脏，改善小腹松弛现象，减轻腰部负担。

适合减肥和预防身体发冷

no.20

回头扶墙

伸展操

感到不适时
1day
4～5组

这套针对躯干的体操动作十分简单，回头的同时扶墙即可。通过锻炼躯干，不仅可以减肥，还能起到改善肩部酸痛、腰痛和身体发冷的功效。

1 背对着墙壁站立，保持半步的距离，双脚分开与肩同宽。腰部向左转，右手拍在后方的墙壁上。

POINT 本套体操最关键的是模仿回头的动作扭转面部和上半身。如果你可以轻松完成上述动作，可以试着一点点地远离墙壁。距离墙壁越远，动作难度越大，因此，请根据具体状况调整与墙壁之间的距离。刚开始练习会很累，请在不感到勉强的前提下安排练习的次数和速度。

2 接下来向右转，左手拍在后方的墙壁上。
在感觉舒适的前提下，左右交替扭转 10 ～ 20 次。

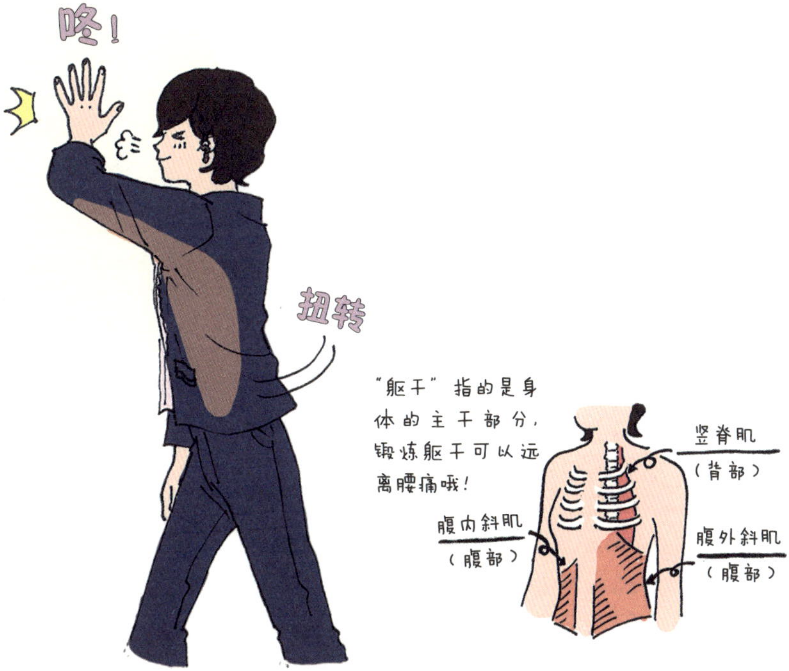

功效解说

为了治疗腰痛，你是否听到过“运动一下吧”或“锻炼一下腹肌和背肌吧”之类的建议？腹肌和背肌的肌肉力量失衡会导致脊椎扭曲，对腰部造成较大的负担。另外，身体柔软度差也会引起腰痛。通过大幅扭转上半身，能够均衡地锻炼腹部的腹斜肌和背部的肌肉，还能起到紧致小腹的作用。

Column 6

感到疼痛时，应该热敷？还是冷敷

在发生腰痛、肩部酸痛、扭伤等肌肉损伤时，常常需要用到镇痛贴。镇痛贴一般分为热敷和冷敷两种类型，这两种的性质完全相反，不过都注明对肩部酸痛和腰痛有效。那么，如何区分使用哪种更有效呢？

一般认为，在发生急性疼痛（扭伤或闪腰等）时，使用冷敷的效果更佳。

这种情况下，疼痛的原因为肌肉炎症。如果放任不管，周围正常的细胞也会因内出血、炎症反应而缺氧，逐渐出现肿胀、疼痛等症状。在这些变化发生前通过冷敷降低新陈代谢，可以把对组织的损害控制在最小限度。

那么，热敷应该在什么时候使用呢？热敷主要用于缓解肩部酸痛、腰痛等慢性疼痛。因为它的作用是温暖患部、促进血液循环、缓解疼痛（如果患处有发热和肿胀症状，请用冷敷）。

请认真区分这两种外敷方式，谨防产生反效果。

注意 一般根据疼痛或症状进行区分，不过也存在特例。在无法分辨时请咨询专业人士。

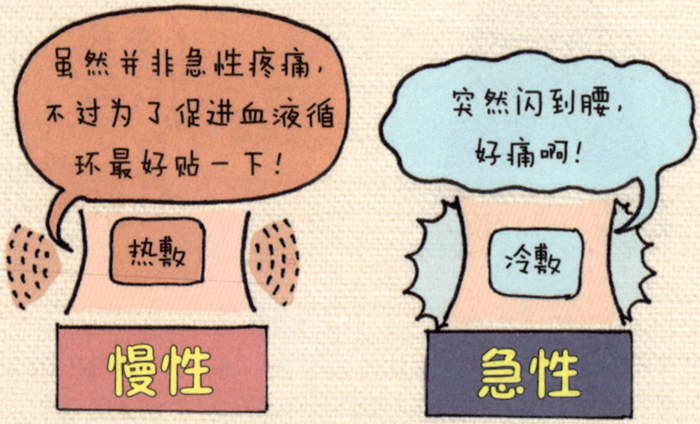

Column 7

为什么休息日睡多少都睡不醒

虽说不提倡睡懒觉的行为，不过很多人休息日酣睡一场后仍会感到睡不醒，究竟是为什么呢?

这种大脑迟钝、睡不醒的感觉，是不是与出国旅行后的“时差综合征”很像呢?

上述症状其实是由不良的睡眠习惯引起的，相当于轻微的“时差综合征”。

例如，假设工作日的起床时间是7点，休息日的起床时间是12点，就会产生5个小时的时间差。然后，休息结束后又恢复7点起床……这样一来就会存在较大的时间差，长期重复这样的生活就会陷入“头脑一直不清醒”“睡多少都睡不醒”的类似“时差综合征”的状态。

其实很多人都容易出现生活习惯紊乱的状况，比如工作日因为加班或喝酒而晚睡，休息日熬夜到很晚等等。

想要从轻微的“时差综合征”状态中摆脱出来，最重要的是尽量不要打乱生活节奏，休息日和工作日的起床时间要一致。

另外，休息日的白天午睡几十分钟，要比赖床更能恢复精神。

午睡前可以喝一杯咖啡，因为咖啡因刚好在20～30分钟后开始起效，到时可以轻松醒来。

症状解说

针刺般的神经性疼痛

腰椎间盘突出、坐骨神经痛

脊椎骨骼之间的椎间盘可以分散脊椎承受的压力，即起到缓冲的作用。如果因为闪腰或腰痛使腰部承担了额外的压力，椎间盘内的组织就会脱出，并压迫经过脊椎的神经，引起疼痛。有时，症状还会通过神经通道扩散，导致臀部或脚部疼痛、麻木。

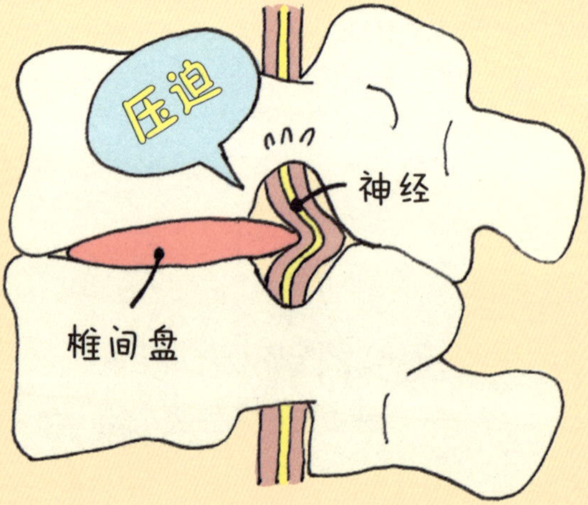

如果任其发展，会怎么样

椎间盘突出一旦恶化，后果不堪设想。患者即使站着（坐着），腰腿都会疼痛不止，晚上睡觉时也可能因突然产生的持续性钝痛而无法安眠。此病严重时需要手术，因此患病后请观察几天，如果疼痛不止，不要犹豫，请尽快就医。

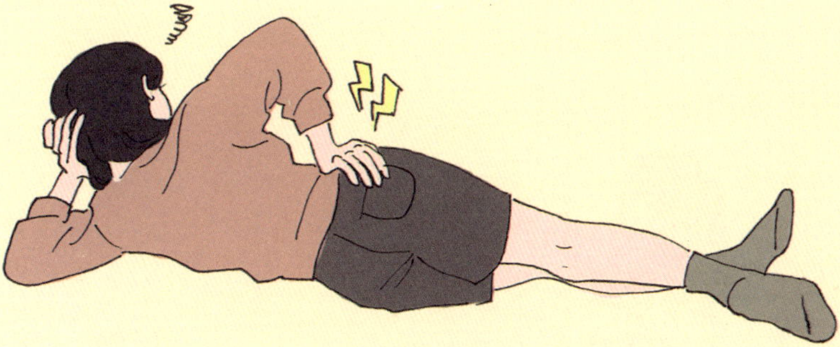

怎么预防或改善

最重要的预防措施是平时避免会对腰部造成负担的姿势或动作。长期采取弯腰驼背的姿势，当时也许不会出现问题，不过若腰部长时间处于过度负荷状态，后续可能发展成慢性腰痛或腰椎间盘突出。建议安排固定的休息时间。

另外，当腰部和腿部感到轻微疼痛时，可以静卧观察几天。如果疼痛逐渐减弱，采取按摩之类治疗手段即可。注意平时练习一下伸展操，增强腰部柔软度，预防腰部疾病。

预防驼背、小腹突出

no.21

肚脐摇摆

伸展操

1day

2～3组

小腹突出是腹肌力量不足，
无法支撑内脏的信号。
如果任其发展的话，会导致身姿扭曲或腰痛。

1 **面向墙壁站立，保持一步的距离。**
伸直手肘，双手手掌抵在墙壁与视线平齐的高度上。
保持姿势不变，将身体的重心转移到墙壁上，适当地放松身体。

※ 如果患有轻微的骨盆前倾，在感到腰痛时请及时中止。

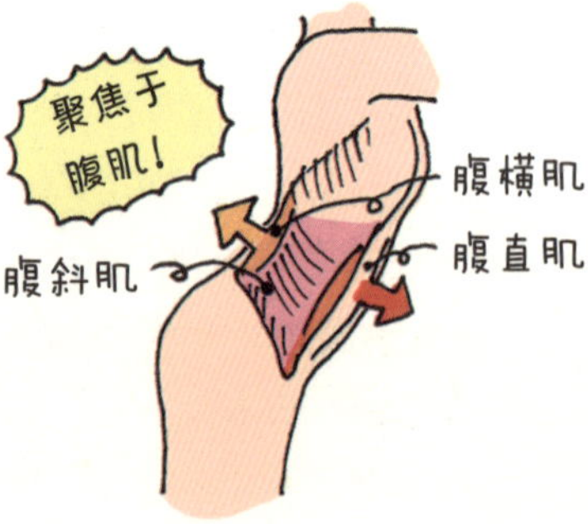

☑ **POINT** 做好这套体操的关键是有意识地用腹肌发力带动肚脐左右摇摆。如果你可以轻松完成上述动作，可以稍微踮起脚跟让腹肌更加用力。腰痛患者请谨慎练习，可以根据自身状况对动作加以调整，如靠近墙壁或缩减摆动的幅度等等。腰痛严重时请静卧休息，不要勉强自己。

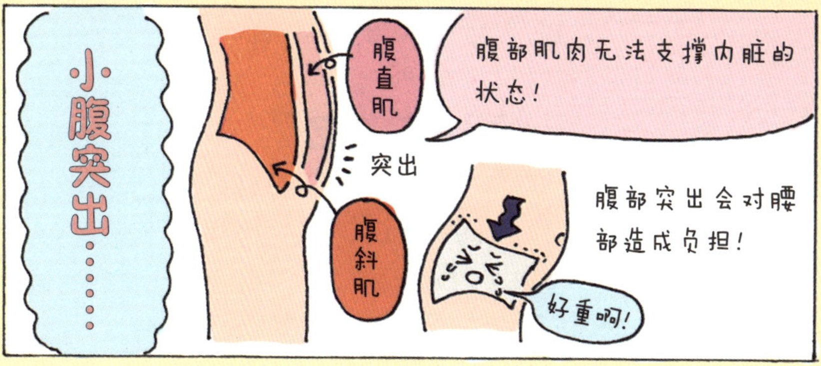

2 双脚打开与肩同宽，腹肌用力带动腹部让肚脐左右轻轻摇摆 20 次左右。

※（骨盆前倾患者）请确保前凸的腰部疼痛不严重的前提下，谨慎使用腹肌的力量进行练习。

功效解说

如果腹肌或腰部周围的肌肉僵硬，会增加脊椎或腰部的负担，引起腰痛或腰椎间盘突出（p96）。如果患上椎间盘突出症，在症状轻微时可以通过伸展操等方法，慢慢地矫正脊椎曲度，让突出的椎间盘回复原位。即使是肌肉力量不足的女性，只要有意识地锻炼腹肌，也能轻松预防腰痛。

改善久坐导致的扁平臀

no.22

“蜘蛛侠”伸展操

1day

2～3组

对于久坐后的臀部和大腿，
如果不做一些针对性的训练，可能引起
水肿、月经不调、便秘、失眠等不适症状。

1 站在墙壁旁边，双手按在墙壁上方。
上半身紧贴墙壁，右腿弯曲模仿攀爬的动作，尽量让大腿内侧贴在墙壁更高的位置上。
头转向左侧，伸展大腿内侧的同时深呼吸。
放下腿后，反方向重复以上动作。

POINT 将上半身、大腿、腰部贴在墙壁上，头转向与弯曲的腿部相反的方向。这样的姿势可以扭动并伸展背部的竖脊肌。双手放在可以让身体保持平衡的位置，如果抬腿会导致腰痛，不要勉强去做，暂时静卧休息即可。

2

像①一样右腿弯曲，但这次尽量让大腿外侧贴在墙壁的高处。头转向左侧，伸展大腿外侧的同时深呼吸。放下腿后，反方向重复以上动作。

功效解说

下半身僵硬可能发展成坐骨神经痛，引发腰部和腿部疼痛，因此相关患者要特别留意。髋关节和竖脊肌在我们走路和坐着时起到了保持平衡的作用，而臀大肌在起立和爬楼梯时起作用，本套体操可以放松上述肌肉，预防腰痛。本套体操十分简单，倚靠在墙壁上即可完成。

Column 8

骨骼可以变大或者缩小吗

过度饮食会让我们的身体发胖，减肥的话则会变瘦，这是脂肪和肌肉状态的变化。

那么，如果像锻炼肌肉一样锻炼骨骼，骨骼会变大吗?

换而言之，骨骼会出现因过度饮食而变大，反之则缩小的现象吗?

首先，关于骨骼变大，虽然有数据显示，每天训练数小时的运动员中，确实有一小部分人的骨骼会变大，不过普通人在发育期结束后，骨骼就不会继续变大或生长了。有时人们会误以为骨骼变大了，其实那是骨骼或关节周围的韧带或其他组织在运动等因素的影响下增大了。

那么，减肥可以让骨骼变小吗，这当然也是无稽之谈。而且过度减肥会对骨骼造成恶劣的影响。如果钙摄入量过少，会导致年轻人的骨骼变得像患有骨质疏松症的老年人一样脆弱。另外，缺钙还会引起高血压和动脉硬化。

顺便说一下，老年人的骨骼之所以变小，也是由于骨骼之间的椎间盘厚度缩减，并非骨骼本身变小。

因此，人类的发育期结束后，骨骼并不会像身体那样变胖或变瘦。

WALL STRETCH

美丽
精益求精

第五章
美容篇

具有消除肩部酸痛和提升胸围的双重功效

no.23

墙壁手肘俯卧撑

伸展操

1day
3～4组

胸部和背部的肌肉通过互相拉拽，
可以起到保持身姿、防止胸部下垂的作用。
均衡地锻炼胸部和背部的肌肉，可以塑造完美的身体曲线。

1 面向墙壁站立，保持半步到一步的距离。
双肘打开比肩稍宽，在与面部平齐的高处弯曲。
保持姿势不变，双肘贴在墙壁上。

你知道天然的胸罩——乳房悬韧带吗?

它是连接乳腺、胸大肌与皮肤，保持胸部挺拔，让胸部不下垂的韧带。乳房悬韧带并不像橡胶一样具有伸缩性，因此剧烈运动可能导致其断裂。一旦乳房悬韧带发生断裂，就无法修复。因此，在进行剧烈运动时一定要佩戴运动胸罩。平时也要锻炼一下支撑胸部的肌肉，抑或是做一些可以促进血液循环的体操，注意预防乳房悬韧带断裂。

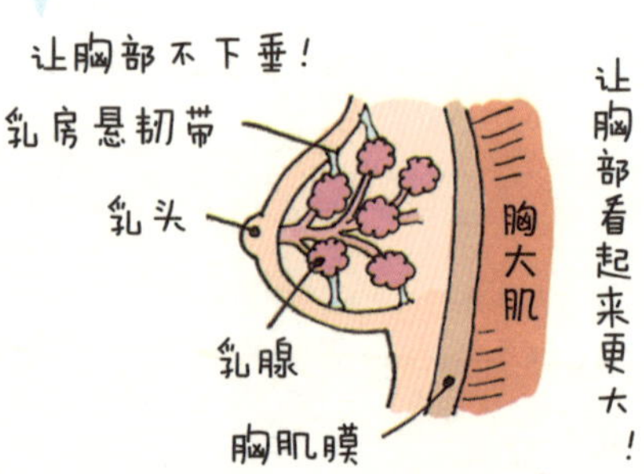

☑ POINT 练习本套体操时需注意，身体接近墙壁时“舒展胸部让左右肩胛骨相互靠拢”，反之，身体远离墙壁时“收缩胸部让左右肩胛骨彼此远离”。一边感受腹肌和肩胛骨的活动，一边慢慢地进行练习。通过上下移动手肘位置，可以锻炼不同的肌肉，因此推荐大家在做操时变换一下手肘位置。

2 就像是做俯卧撑一样，慢慢让上半身靠近墙壁再回归原位。重复 20 次左右后身体回归原位。

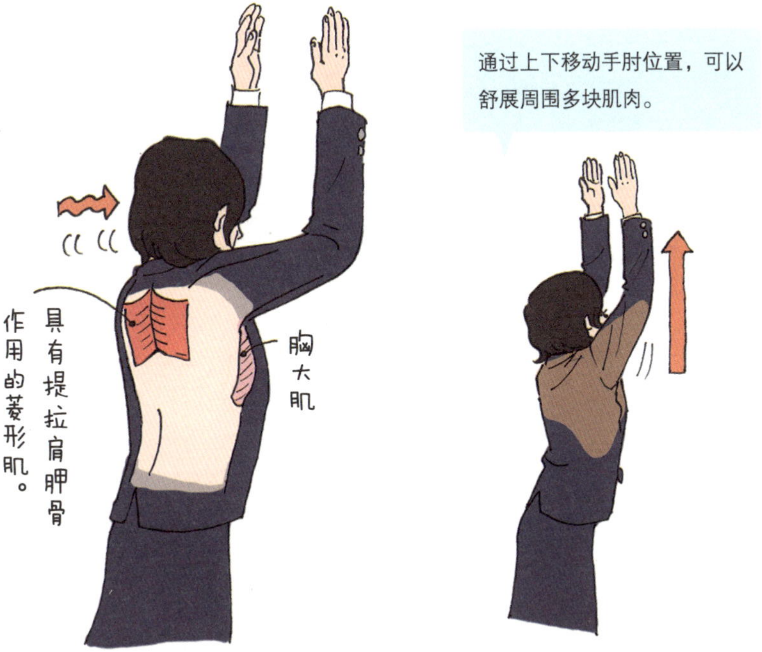

功效解说

这套体操锻炼的是上半身，借助墙壁进行了手肘俯卧撑，即使肌肉力量不足的女性也能轻松完成。胸大肌具有提拉胸部的作用，菱形肌可以内收肩胛骨，腹肌则可以支撑内脏，锻炼上述肌肉能够改善身姿、提升胸围、消除上臂松弛、紧致小腹。这套体操虽然不像肌肉训练那么辛苦，但练习一会儿后，身体就会暖和起来。

肌肉力量不足导致上臂发抖

no.24

上臂拉伸

伸展操

1day
2～3组

日常生活中我们很少用到肱三头肌，因此上臂的肌肉力量就会逐渐下降。这不仅会影响上臂的外观，还会导致肩部酸痛、手部麻木等严重的症状。

1 右臂上举，手肘大幅弯曲，让手指可以碰到肩部后方。保持姿势不变，左脚向前迈出将右手肘贴在墙壁上。

POINT 呼气的同时伸直上臂，让上臂到腋下紧紧地贴在墙壁上。如果效果不明显，可以将重心完全转移到迈出的那条腿上，并试着稍微向内扭转身体。做好本套体操的秘诀是无须借力，慢慢地转移身体的重心即可。伸展上臂肌肉后若感到针刺般的疼痛，就表示已经产生锻炼效果了。

2 将身体的重心转移到左脚，同时缓缓地呼气并伸展上臂。充分伸展后深呼吸并保持不动。反方向重复以上动作。

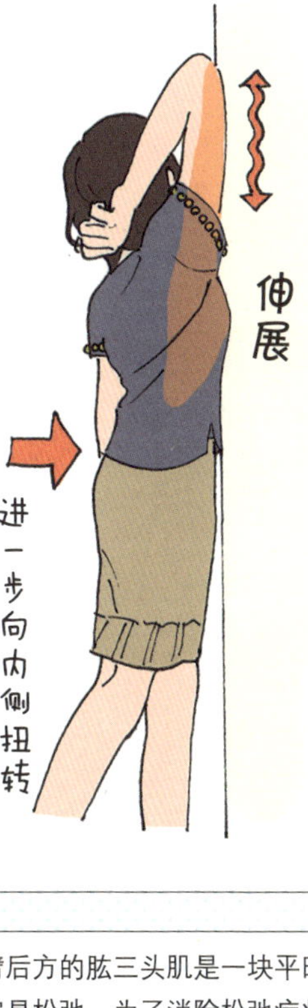

肱三头肌：伸展手肘时用到的肌肉。近年来，由于人们较少使用手臂用力外推的动作，几乎很少用到肱三头肌。长此以往，上臂肌肉力量会变得衰弱，导致手臂的水肿和松弛。另外，肩关节的柔软度也会下降。

功效解说

上臂后方的肱三头肌是一块平时很少有机会伸展的肌肉。如果不做针对性训练，很容易松弛。为了消除松弛症状，需要主动地活动肱三头肌。特别是感到肩膀无法自由转动，抬不起手臂的人，要从平时开始多多练习这套体操，增加上臂和肩部周围的柔软度，强化肌肉力量。

借助墙壁矫正姿势

no.25

“模仿模特走路”伸展操

1day
3～4组

当身体疲劳时，沉重的头部和肩部得不到有力支撑，
人就容易出现弯腰、驼背的姿势。
这种状态会对内脏和脊椎产生恶劣的影响。

① 像测量身高一样背对着墙壁站立。后脑勺、肩胛骨、臀部、脚跟紧贴墙面。

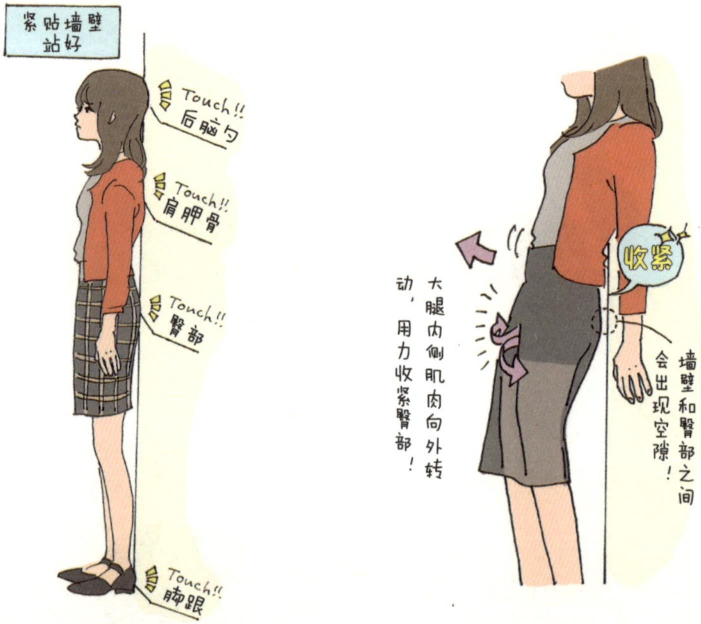

② 确认上述部位都贴在墙壁上之后，用力收紧贴着墙面的臀部。

※ 收紧臀部会让耻骨或小腹向前突出，因此，臀部和墙壁之间会出现缝隙。

☑POINT 平时习惯性头部前伸的人，日常生活中要有意识地记住头部贴在墙壁时下巴的位置。容易驼背的人，要注意改善姿势，像这套体操的要求一样，想象自己的背部贴在墙壁上，让身体呈一条直线。

3 双手放在突出的耻骨或小腹附近，将臀部轻轻地推回到紧贴墙壁的位置。

保持姿势不变，双手将腹部的脂肪向上推至胸部位置。

4 从侧面看耳朵与肩膀处于一条直线后，慢慢地放下双手。双目直视前方，确认后脑勺、肩胛骨、臀部、脚跟贴在墙壁上。保持上述状态走路。

功效解说

所谓的改善姿势指的是注意保持对身体负担较小的姿势。让驼背患者背部后弯，并不能起到改善姿势的作用。通过伸展蜷曲的上半身，可以让腹肌、背肌和肋间肌均衡分担压力，减轻脊椎和腰部的负担。不良姿势可能导致脊椎扭曲，引起内脏机能下降，因此要注意保持良好的姿势。

注意力不集中时，让淋巴流动起来吧

no.26

耳朵吊床
伸展操

1day
3～4组

刚睡醒时，面部会出现明显的松弛和水肿。面部的淋巴结大多集中在耳朵周围，刺激耳朵周围的穴位，不仅可以美容，还有助于消除困倦和提高大脑活力。

1 **坐在椅子上，双肘抵住桌面。**
面部朝下，用手掌和除拇指外的四个手指抓住双耳的上半部分。

☑ **POINT** 在练习这套体操前，按摩锁骨下方20次左右，能够促进全身的淋巴流动，锻炼效果会更好。在确保不感到疼痛的前提下抓住耳朵，注意持续时间不可太长。颈部卸力让头部自然垂下，还能起到恢复颈部肌肉疲劳的功效。

2 保持姿势不变，颈部卸力后让头部自然垂下，手抓住耳朵左右交替拉拽，带动头部左右摇摆 20 次左右。

功效解说

长时间维持一个姿势会导致淋巴液流动缓慢，面部也会和小腿一样变得水肿。这时可以通过放松耳朵周围的淋巴结来消除水肿。在工作的间隙练习一下，不仅可以消除困倦和提高大脑活力，还能让脸看起来更小。通过轻摇头部，可以缓解颈部肌肉紧张，放松颈部。

Column 9

肌肉发达的人身体更僵硬吗

我们看到肌肉发达的人后，可能会习惯性地认为，他们的肌肉硕大紧实，所以身体可能会很僵硬。

实际上这种观点一点也不正确。健身后肌肉变大与身体变僵硬并不能混为一谈。

身体柔软指的是，附着在关节之间的肌肉拥有良好的伸缩能力，所以关节的活动幅度较大的状态。因此只有维持良好的肌肉状态，身体才能更柔软。

健身可以使肌肉变大，增加肌肉强度，很多人会习惯性地认为，肌肉会因此丧失柔软度或变硬。事实与之相反，反倒是很多缺乏运动的人容易因为血液循环不畅，出现肌肉僵硬、柔软度不佳等现象。

平时一直健身的运动员们能够大幅度劈叉就可以证明上述观点。

不过，如果过度锻炼，肌肉变得过于发达，有时会导致肌肉之间相互碰撞，影响正常活动。

WALL STRETCH

在这种地方
也能运动?

第六章

特殊地点篇

出现含胸驼背问题后，充分伸展一下吧

no.27

“不要走”伸展操

1day

3～4组

针对疲劳难以消除、无法进入深度睡眠的人，
伸展一下背部的大块肌肉，
将身体的疲劳一扫而空吧。

1 选择一根坚固的柱子，伸直手肘双掌抱在柱子上。与柱子保持一步的距离，双脚分开与肩同宽。

☑ **POINT** 如果附近没有柱子，也可以用门把手之类的代替。通过身体重心后移，大幅伸展手臂到臀部区域，让整个背部的长肌肉竖脊肌得到充分的放松。伸展的同时可以配合深呼吸等放松动作。如果你可以轻松完成上述动作，可以尝试让脚部逐渐远离柱子。

2 头垂到双臂之间，一边慢慢地将身体的重心向后移，一边伸展背部。
充分伸展后保持姿势并深呼吸，放松身体。

功效解说

竖脊肌需要一直支撑沉重的身体，很容易疲劳。竖脊肌是一块纵向的长肌肉，通过伸展整块肌肉，能够促进全身的新陈代谢。人在疲劳的时候，会习惯性地蜷曲背部、萎靡地坐着，这时正适合做这套伸展操。通过伸展放松肌肉，可以轻松消除疲劳，提升注意力。

预防令人忧心的下肢发冷、变胖等问题

no.28

墙角伸展操

感到不适时

1day

4～5组

如果腰部或臀部周围的肌肉薄弱，
就会导致发冷、便秘，
而且体内为了抵御寒冷还会堆积脂肪。

① 站在墙壁的拐角处，双手分别按在左右两侧的墙面上。左脚弯曲，膝盖抬高抵在拐角尽可能高的位置。倚靠墙壁的同时伸展大腿内侧。

POINT 这套体操是在单足站立的状态下进行的，借助房间的角落等有两面墙壁的地方，可以更放心地练习！膝盖抬得越高，对大腿内外侧的锻炼效果越好。②中左膝盖贴在右侧墙壁，臀部贴在左侧墙壁，再让上半身向正面弯曲，就可以轻松地伸展并放松臀部肌肉。

2 身体的正面依旧面向墙壁的拐角处，左腿弯曲，膝盖抵在右侧的墙壁上。
倚靠墙壁的同时伸展臀部外侧。
另一只脚重复以上动作。

功效解说

腘绳肌位于大腿内侧，在走路或跑步时可以起到强力弯曲膝盖的作用，如果腘绳肌硬化，会影响膝盖活动，并可能导致腰痛。臀部的臀大肌衰弱，会引起下半身水肿或发冷，进而导致新陈代谢低下，使下半身变胖或影响臀部曲线。尤其是需要久坐工作的人士，要特别留意保护腰部和大腿。

锻炼呼吸肌，让身心焕然一新

no.29

桌上翻身

伸展操

感到不适时

1day

4～5组

呼吸肌僵硬会令呼吸浅短，
使新陈代谢变慢，
造成容易变胖、习惯性情绪低落等问题。

1 **坐在椅子上，双手大幅度地伸向前方，面部朝下趴在桌子上。双脚紧贴地面，头部放在双臂之间。**

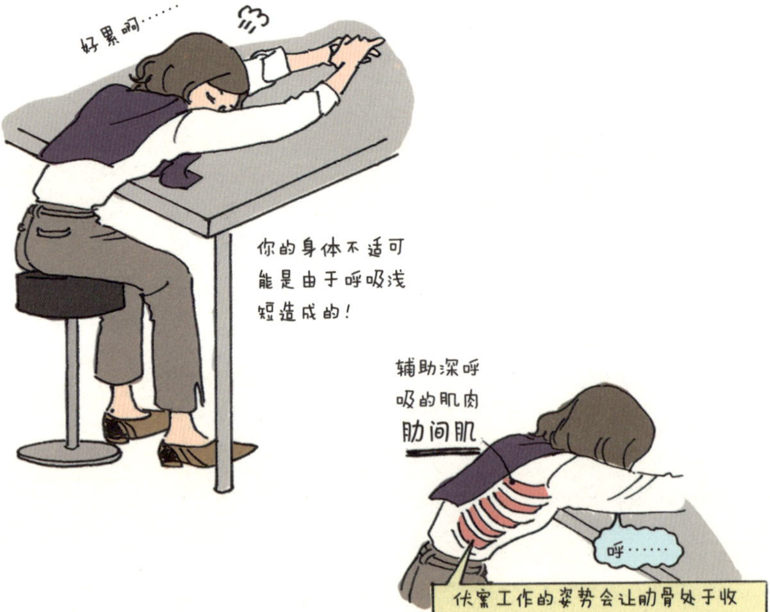

☑ **POINT** 桌子上的杂物需要收起来，尽量选择在宽大的桌子上进行练习。做好这套体操的关键是尽力扭动上半身，最好让面部朝向天花板。如果桌子较高，请尽量将椅子挪远，双手按在桌子的两侧，扭动身体在空中完成翻身的动作。

2 下半身的姿势保持不变，上半身像翻身一样向左右其中的一侧扭动。
充分伸展侧腹和上臂后回归原位。
更换另一侧翻身，重复上述伸展动作。

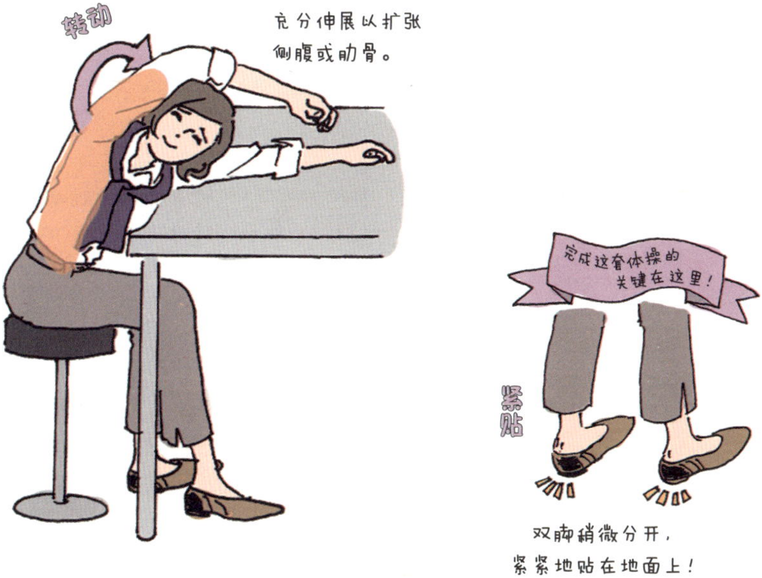

功效解说

长时间保持伏案工作所需的前弓姿势，会导致肋骨狭窄，令肋间肌和深处的横膈膜变得僵硬，呼吸变得浅短。呼吸浅短可能引起习惯性情绪低落、容易变胖等问题，你可以通过放松呼吸肌，增加氧气摄入量来达到改善情绪的目的。

利用厕所时间的伸展操

no.30

厕所隔间内的伸展操

感到不适时

1day

4～5组

厕所的隔间是可以让人稍做停歇的地方。
利用碎片时间做一些简单的伸展操，
也能让人从不断累积的酸痛中解放出来。

1 坐在卫生间的隔间内，双手高举，手肘伸直。保持姿势不变，手掌按在左右的墙壁上。

☑ **POINT** 手掌按在墙壁上时，不要放在身体的正侧面，而是放在稍后的位置（耳朵后方），这样才能让腋下周围得到更好的伸展。轻轻摇头可以活动颈部周围的肌肉，缓解颈部到背部上方的酸痛症状。伸直手肘，让伏案工作时很少用到的上臂和腋下周围的肌肉也得到了伸展。

2 胸部慢慢地向前挺起 10 次左右。
可以轻松完成这个动作的人，可以在挺胸的同时轻轻地左右摇晃头部。
放下手臂放松后，再将肩膀转动几圈。

功效解说

双手长时间使用电脑，会使连接肩胛骨和脊椎的菱形肌感到疲劳。菱形肌和背部的竖脊肌都是容易疲劳的肌肉。如果背部肌肉衰弱，会导致肩胛骨无法顺畅地回归原位，使背部蜷曲。因此我们可以利用卫生间短暂的休息时间，多多地放松背部肌肉，让它们更加柔软。

Column 10

“存不住”的男人和“下不去”的女人的故事

突然看到这个标题，很多人可能会感到困惑，其实它指的是男人和女人的胃肠状态。

据说男性一般容易腹泻（存不住），而女性则容易便秘（下不去）。

虽说并不涵盖所有人，不过以下观点还是值得讨论的。

男性中之所以很多人容易腹泻或有软便的倾向，可能是因为他们的肠道较宽，加之饮食量较大。特别是为了应付不得已的交际而胡吃乱喝的男性，他们摄入了较多的酒精和凉性饮料，会过度刺激肠胃，造成肠蠕动过快。

女性中之所以很多人有便秘倾向，可能是受到了一种雌性激素的影响。在女性的排卵期到经期之间，会大量分泌“黄体酮”这种雌性激素，它有抑制肠蠕动的功效。另外，女性与男性相比，肌肉力量偏小，食量偏小，这些也可能导致便秘。

从健康的角度来看，习惯性腹泻或便秘都并非好现象。

对于容易腹泻或有软便倾向的人，最关键的是从平时开始注意改善饮食生活。而容易便秘的人可以锻炼一下腹肌等肌肉，激发便意后马上就去卫生间。

想打造
什么样的身体！

根据需求推荐的
伸展操组合

需求 我想拥有力量适中的肌肉、不易疲劳的身体！

“拉不开门”伸展操	坐上墙壁伸展操	回头扶墙伸展操
▼	▼	▼
p70	p88	p92

功效解说

虽然伸展操并不能强化肌肉，但通过提高肌肉的柔软度，达到不易受伤、不易疲劳、容易保持良好姿势等功效。本组合特别挑选了本书中难度较大的3组动作。练习一会儿后，身体就会变得温暖起来。

需求 我想消除因酸痛引起的失眠，每天能头脑清醒地醒来！

“卖萌”
伸展操
▼
p26

“不倒翁摔倒了”
伸展操
▼
p68

“回眸美人”
伸展操
▼
p90

功效解说

当身体酸痛的症状严重时，睡眠期间无法放松身体，自然就很难消除疲劳。而修复皮肤和内脏的激素在人体入睡 3 小时后才会被大量分泌。本组合挑选了 3 组可以在睡前全面放松颈部、肩部和腰部的伸展操，帮你舒缓肌肉疲劳。

需求 姿势不良？我想改善驼背或扭曲的身姿。

捧水蛙泳
伸展操
▼
p58

“左顾右盼”
伸展操
▼
p72

节拍器
伸展操
▼
p80

功效解说

本组合挑选的 3 组手臂伸展操，可以大幅度伸展或打开，活动幅度较大。通过锻炼，可以放松蜷曲的背部和胸部肌肉，塑造柔软灵活的上半身。

需求 我想由内而外塑造健康的身体！

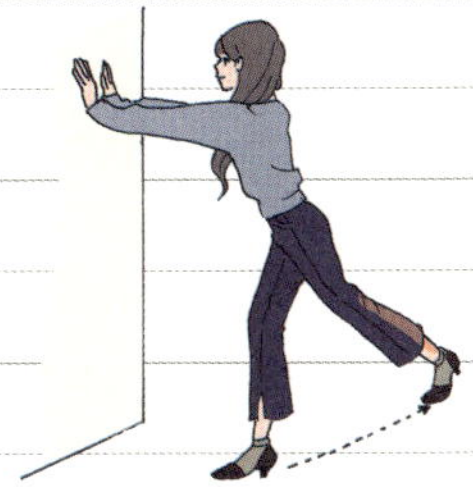

脚跟摇摆
伸展操
▼
p78

“模仿模特走路”
伸展操
▼
p108

耳朵吊床
伸展操
▼
p110

功效解说

本组合挑选的 3 组伸展操，如果每天能坚持练习，将会获得非常好的美容功效。小腿是最容易水肿的部位，通过摇摆小腿可以促进全身的血液循环、锻炼腹肌、增强内脏活力。最后一组动作可以促进面部淋巴液流动。

需求 既没有体力也没有时间，但我想轻松地消除身体疲劳！

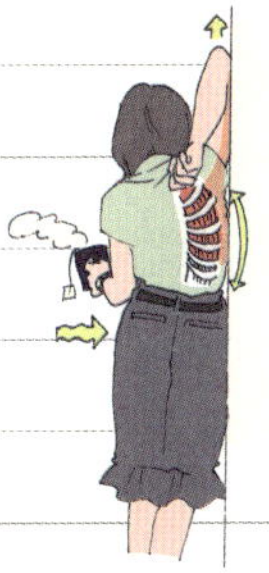

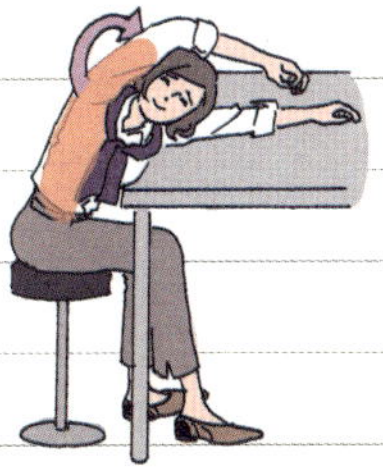

手指散步
伸展操
▼
p46

靠墙小憩
伸展操
▼
p74

桌上翻身
伸展操
▼
p118

功效解说

本组合挑选了 3 组适合懒人的简单伸展操。伸展操还具有放松功效，在感到疲劳和忙碌时进行练习，可以缓解疲劳，改善情绪。

结语

读完本书，你觉得墙壁操怎么样呢?

我们可以借助墙壁完成各种动作，如推动或倚靠墙壁并转移身体重心等等，另外，完成墙壁操需要借助的施力方式也多种多样，因此，我们可以充分放松平时不太用到的肌肉。

墙壁操简单易操作，在办公室和家中均可进行，它不仅适合改善疲劳状态，还能预防疲劳累积。条件允许的话，请每天多做几次。如果养成了依靠自己的力量放松肌肉的习惯，将来锻炼起来也会更加轻松。伸展操不拘泥于时间地点，它是任何人都能做到的简单的健身方法。请一定要将这些墙壁操推荐给你身边的人。

最后，本书出版之时，承蒙多方人士的关怀和帮助。特别是对我拙作进行细心指导并提供建议的雷鸟社的平野先生，以及包容我任性的想法并将其形象地付诸笔端，毫无怨言地完成了几百张画作的插画家大木菜绪先生。衷心感谢你们付出的努力，借此机会向你们致以深深的谢意。

感谢您耐心地读到最后。

最后，祝大家身体健康!

古贺直树

PROFILE

作者 古贺直树

日本东京中野坂上按摩院院长。曾在日本第一所针灸大学——明治国际医疗大学学习针灸，有近 30 年的针灸师、整体师从业经验。著有《穴位疗法、穴位体操的健康读本》（日本秀和 system）。另外，他还在网站“泽井健康推进课”（泽井制药）中连载，并担任专栏的主编工作。曾接受《日经 health》《健康》等二十几家杂志的采访报道。

插图 大木菜绪

1994 年出生于北海道，毕业于武藏野美术大学油画专业。在公司工作的同时，还作为插画家参与了演唱会、见面会（Talk Event）的广告和周边产品的设计。擅长绘制捕捉人体曲线和习惯动作的插画。

图书在版编目（CIP）数据

元气拉伸：30 组墙壁操远离颈肩腰背不适 /（日）古贺直树著；赵百灵译. -- 石家庄：河北科学技术出版社，2022.5
ISBN 978-7-5717-1121-4

Ⅰ. ①元… Ⅱ. ①古… ②赵… Ⅲ. ①保健操 Ⅳ. ① G831

中国版本图书馆 CIP 数据核字 (2022) 第 081211 号

元气拉伸：30 组墙壁操远离颈肩腰背不适

［日］古贺直树　著　　赵百灵　译

策划制作：北京书锦缘咨询有限公司（www.booklink.com.cn）
总 策 划：陈　庆
策　　划：宁月玲
责任编辑：刘建鑫
设计制作：刘岩松

出版发行	河北科学技术出版社
地　　址	石家庄市友谊北大街 330 号（邮编：050061）
印　　刷	河北文盛印刷有限公司
经　　销	全国新华书店
成品尺寸	142mm × 210mm
印　　张	4
字　　数	48 千字
版　　次	2022 年 5 月第 1 版 2022 年 5 月第 1 次印刷
定　　价	59.80 元